der TEE-KOMPASS

Rainer Schmidt

VORWORT

MIT *steigendem Teekonsum in Deutschland, Österreich und der Schweiz wächst auch das Interesse an feineren Qualitäten. Gerade grüne Tees werden immer beliebter. Das Angebot ist riesig, die einzelnen Sorten, Bezeichnungen und Qualitäten aber sind selten geläufig – das Informationsbedürfnis ist also hoch.*

DER *Tee-Kompaß möchte dazu beitragen, daß Sie in diesem »Teesorten-Dschungel« den Überblick behalten. In übersichtlicher Steckbriefform vermittelt er Informationen und praktische Tips zu 100 Teesorten und bildet so eine fundierte Grundlage für Ihren Einkauf im Teegeschäft. Wichtig ist, daß der angebotene Tee frisch ist, daß Sie für Ihr Geld einen Qualitätstee erhalten und daß man Sie gut berät. Verpackungen, Schleifen und bunte Anhänger machen das Äußere ansprechender, müssen aber nicht auf gute Qualität hinweisen. Im Anhang finden Sie deshalb eine kleine Liste von Händlern, mit denen ich gute Erfahrungen gemacht habe.*

DER *Tee-Kompaß kann nicht jede Teesorte aufführen. Aber mit meinen Hinweisen soll es Ihnen möglich sein, leichter und schneller den Tee herauszufinden, der Ihnen schmeckt!*

ICH *wünsche Ihnen viele interessante Entdeckungen beim Stöbern durch die Welt des Tees – natürlich bei einer guten Tasse dieses feinen Getränks.*

WAS FINDEN SIE WO?

Die Teepflanzen

Teepflanzen wachsen in tropischen und subtropischen Gebieten rund um den Äquator. Zum optimalen Gedeihen brauchen sie Wärme, viel Feuchtigkeit und nicht zu viel Sonne. Tee wächst auch in hohen Lagen, sofern die klimatischen Bedingungen stimmen.

Die älteste bekannte Pflanze ist ein Baum in Yunnan (Südchina); er ist über 1100 Jahre alt und treibt noch jedes Jahr neu aus. In Darjeeling gibt es Pflanzen, die 150 Jahre alt sind. Normalerweise werden die Büsche allerdings nach 30–40 Jahren gerodet.

Pflückerinnen bei der Arbeit

Man unterscheidet zwei verschiedene Teepflanzen (die auch miteinander gekreuzt werden): Die Chinasaatpflanze, Thea sinensis, wächst im Hochland. Ihre kleinen, zarten, daumengroßen Blätter bringen einen geringen Ertrag, aber ein sehr feines Flavour, angenehmen Duft und eine helle, dünne Tassenfarbe.

Die Assamsaatpflanze, Thea assamica, wächst in den tiefergelegenen Ebenen. Von ihren bis zu handtellergroßen, breiten Blättern gewinnt man einen hohen Ertrag mit wenig Flavour, kräftigem Aroma und dunkler Tassenfarbe.

Der Anbau

Nicht jedes Anbaugebiet hat internationale Bedeutung. Am bekanntesten sind Ceylon (die Tee-Experten verwenden nicht den offiziellen Namen Sri Lanka), China, Indien (hier vor allem Assam und Darjeeling) und Japan.

Assam

Das größte zusammenhängende Teeanbaugebiet der Welt liegt im Nordosten Indiens beiderseits des Flusses Bhramaputra. Man erntet von April bis Ende November/Anfang Dezember, in klimatisch begünstigten Gebieten kann das ganze Jahr eine Ernte eingebracht werden. Hier wird auch schon maschinell geerntet. Lediglich die hervorragenden Sommerqualitäten werden noch von Hand gepflückt.

Ceylon

Die Anbaugebiete auf Sri Lanka liegen im Zentrum der Insel und bieten ein weites Spektrum an Qualitäten. So werden z. B. in den Plantagen der Distrikte Dimbula und Nuwara Eliya unkomplizierte Tees produziert. Im Osten wachsen die Uva Tees, gute Sommertees, die rasch getrunken werden sollten, wenn sie im Oktober bei uns eintreffen. Geerntet wird ganzjährig.

Teegarten in Sri Lanka

Allgemein hat die Qualität der Ceylon-Tees in den letzten Jahren stark nachgelassen, v.a. wegen der gestiegenen Produktionskosten und der ökonomischen Beschränkungen auf den Plantagen. Man stellt mehr »tea for price« als »tea for quality« her.

GRÜNER Tee spielt nur bedingt eine Rolle. Nach Europa kommen geringe Mengen, die mit den japanischen und chinesischen grünen Tees nicht mithalten können.

DARJEELING

Dieses Anbaugebiet ist bekannt für seine feinen Tees. Das Darjeeling Valley liegt in Nordindien, auf 400 bis 2400 m Höhe im Grenzgebiet am Fuße des Himalaya. Geerntet wird von Mitte März bis November.

DIE ersten Frühlingsblätter werden zum bekannten Darjeeling First Flush verarbeitet. Die Blätter duften wunderbar frisch, der Geschmack des Tees ist mild, manchmal etwas herb. Die besten Qualitäten werden mit dem Flugzeug nach Europa gebracht, damit der Kunde das herrliche Aroma sofort genießen kann. Die Tees, die Ende Mai/Anfang Juni per Schiff eintreffen, sind oft ausgereifter und haben etwas mehr Fülle. Der First Flush sollte nicht zu lange gelagert werden. Er ist frisch getrunken ein Genuß – bis Weihnachten sollte man sich von alten Beständen verabschiedet haben.

DER echte First Flush wird nur etwa 2 Wochen lang geerntet. In der Periode zwischen der 1. und 2. Pflückung, im Mai, werden die Austriebe für den »Inbetween« geerntet, einen Tee von einfacherer Qualität.

Ab Mitte Mai bis Ende Juni/Anfang Juli (bis der Monsunregen einsetzt) werden die Second Flush Darjeelings geerntet. Diese Sommertees gelten bei Kennern als das Nonplusultra. Feine Süße und ein angenehm blumiger, weicher Charakter zeichnen diese Qualitäten aus. Für ausgesuchte Partien (speziell der Teegärten Jungpana, Goomtee, Namring und Risheehat) werden Spitzenpreise bezahlt. Möchte man sich einen teuren Second Flush leisten, sollte man ihn nur mit Plantagennamen und Invoicenummer kaufen.

Ab Mitte Juli, in der Regenzeit, wächst der Teebusch recht schnell. Die jetzt geernteten Post Second Flush, die oft auch nur »Darjeeling« heißen, sind von mittlerer Qualität, preiswert und angenehm zu trinken. Vorwiegend werden sie als Mischtees verwendet.

Im Herbst (Ende Oktober/Anfang November) können gute Herbsttees (»Autumnals«) geerntet werden. Ihre Blätter erinnern an Herbstlaub; diese herben, würzigen

Teefabrik in Indien.
Hier werden die Stengel mit der Hand aussortiert.

Tees sollten schnell konsumiert werden. Die bekanntesten Plantagen, die gute bis hervorragende Tees produzieren, sind Ambootia, Jungpana, Margaret's Hope, Namring, Risheehat, Singell und Teesta Valley. Castleton, das in den 80er Jahren noch als der beste Teegarten Darjeelings galt, produziert heute nur noch industrielle Qualitäten. Bio-Tees werden z. B. in Ambootia, Pussimbing und Singell hergestellt.

China

Hier ist die Teekultur Jahrtausende alt. Die Chinesen bevorzugen grünen Tee, schwarzer Tee wird weniger getrunken und dann eher aromatisiert geschätzt. Die Anbaugebiete liegen v.a. im Süden des Landes und produzieren nach Indien die zweitgrößte Teemenge. Auch auf Taiwan wird Tee angebaut.

Japan

Hier, südlich von Tokio, wird nur grüner Tee produziert. Die Teesorten werden nicht nach Anbaugebieten, sondern nach der Verarbeitungsmethode unterschieden. Geerntet wird vorwiegend maschinell, bis auf sehr seltene und teure Qualitäten.

Teegarten am Mount Fuji, Japan

Indonesien

Auf Java und Sumatra wird traditionell Tee angebaut, der hauptsächlich in Mischungen Verwendung findet.

Afrika

Afrikanische Tees haben in Deutschland wenig Bedeutung. Vereinzelt kann man in guten Läden Tee aus Kenia oder Südafrika beziehen. Hauptsächlich werden diese Tees in die englischsprachigen Länder exportiert, in den Erzeugerländern selbst verbraucht oder für Teemischungen und -beutel verwendet. Verbreitung gefunden hat der Rooibos Tee aus Südafrika, den Sie unter den sonstigen Tees beschrieben finden.

Südamerika

Brasilien und Argentinien produzieren Tee nur für den Eigengebrauch sowie zur Herstellung von Instant-Tee. Das argentinische Nationalgetränk, der Mate, wird aus dem Matestrauch gewonnen.

Pestizide im Tee

Zum Schutz der Teepflanzen und der Pflückerinnen werden Insektizide und Pflanzenschutzmittel eingesetzt. Obwohl sie gering dosiert werden, finden sich in vielen Tees Rückstände, die allerdings fast immer unter den von der EU festgelegten Maximalwerten liegen. So verteilt sich eine Menge von 1 mg Rückständen pro 1 kg Tee auf 600 (Schwarztee) bis 1100 (Grüntee) Tassen Getränk. Außerdem ist die Mehrzahl der Pestizide nicht wasserlöslich und verbleibt beim Aufgießen im Blatt. Daher kann Tee nach wie vor guten Gewissens als gesundes Genußmittel bezeichnet werden.

Biologischer Anbau

Biologischer Anbau bedeutet, daß auf den Einsatz von Kunstdünger und chemischen Schädlingsbekämpfungsmitteln verzichtet wird. Die Anzahl der so betriebenen Plantagen ist im Gegensatz zu den konventionell arbeitenden noch gering, aber gerade bei grünem Tee wächst die Zahl dieser Anbieter. Man sollte beim Einkauf darauf achten, daß neben der Bezeichnung »biologisch« auch die Öko-Nummer angegeben ist, die an kontrollierte Betriebe vergeben wird. Rückstände, die sich auch in kontrolliert angebauten Tees finden, stammen meist aus dem Boden, der vor der Umstellung belastet wurde, oder von den konventionell betriebenen Nachbarplantagen.

Die Ernte

Es werden immer die frisch gewachsenen Blätter geerntet, meist 2 Blätter und 1 Blattknospe (»two leafs and a but«). In vielen Gebieten wird noch von Hand von erfahrenen Pflückerinnen geerntet. In Regionen, wo eher billige Tees hergestellt werden, werden

Von der Teepflanze werden 2 Blätter und 1 Knospe geerntet.

Pflückmaschinen eingesetzt, die wie ein Rasenmäher das gesamte Blatt auf einer bestimmten Höhe abschneiden.

Für den grünen Tee wird sorgsamer geerntet. Das Blattgut darf weder gepreßt noch geknickt oder gedrückt werden und muß innerhalb von 60 Minuten verarbeitet werden. Bei beschädigten Blättern setzt die Oxidation zum schwarzen Tee ein; dann wäre der grüne Tee mit braunen Blättern durchmischt.

Die Herstellung

Schwarzer Tee

Die geernteten Blätter werden in den Fabriken für 10-12 Stunden in Welktröge gelegt. Hier verliert der Tee ein Drittel seiner Feuchtigkeit, die Blätter sind dann ledrig und schlaff. In Rollmaschinen werden danach die Blätter unter leichtem Druck zwischen zwei Platten gedreht, damit die Blattzellen aufgebrochen und Teile der Zellsäfte freigegeben werden. So kann sich Sauerstoff mit den Säften verbinden, die Oxidation (fälschlich auch Fermentation genannt) setzt ein: Die Blätter färben sich kupferfarben, und Geschmacks- und Farbstoffe werden aktiviert. Hierbei entstehen auch die verschiedenen Blattgrößen.

Rollmaschine in einer Fabrik in Sri Lanka

NUN wird das Blattgut für maximal $2^1/_2$ Stunden in einem kalten, feuchten Raum ausgelegt, bis die Oxidation den gewünschten Grad erreicht hat. Je nach Grad werden die Tassenfarbe dunkler und das Flavour weniger fein. Schneller geht es mit der CTC-Methode, die aber nicht für Spitzentees eingesetzt wird.

DANACH wird der Tee in Öfen mit heißer Luft getrocknet und kommt als unsortierter schwarzer Tee heraus. Auf Rüttelsieben werden die verschiedenen Blattgrößen (Blattgrade) herausgesiebt, zum Schluß wird der Tee verpackt.

Eine chinesische Spezialität: Hai Bei Tu Zhu

GRÜNER TEE

Die Blätter müssen sofort nach der Ernte verarbeitet werden. Nach der japanischen Methode (»high tec«) werden sie mit kochendem Wasserdampf blanchiert. So werden die Enzyme, die die Oxidation auslösen, zerstört, die Blätter bleiben grün und die wertvollen Inhaltsstoffe (Vitamine, Spurenelemente und Mineralstoffe) weitgehend erhalten. Nach der chinesischen Methode werden die Blätter über einem sehr heißen Feuer in trockenen Pfannen oder Behältern stark erhitzt. Danach gibt es je nach Sorte, Herkunft und Beschaffenheit weitere Verarbeitungsgänge, zum Teil in Rollmaschinen, zum Teil in heißen Kesseln. Das geschmeidige grüne Blatt bricht nicht so schnell, daher ist das Siebverfahren nach dem Trocknen nicht so aufwendig.

GRÜNEN Tee gibt es mittlerweile auch in vielen aromatisierten Varianten.

OOLONG TEE

Diese sehr feinen, halbfermentierten Tees sind weder schwarze noch grüne Tees. Die Blätter werden offen in der Sonne getrocknet, bis sie an den Blatträndern zu oxidieren beginnen. Dann wird der Prozeß (viel früher als bei Schwarztee) gestoppt, die Blätter werden kurz gewalkt und über heißer Luft getrocknet.

AROMATISIERTER TEE

In China ist es schon lange Tradition, schwarzen Tee zu aromatisieren. Hierzu werden, z. B. für den Jasmine, Rosen und Lychee Tee, ausgesuchte Blüten verwendet.

DIE Mode der aromatisierten Schwarztees begann in Europa Ende der 60er Jahre. Bis dahin waren die chinesischen Tees, Rauchtee und der traditionelle englische Earl Grey bekannt. Der Rauchtee verdankt sein Dasein wohl dem Transport in geteerten Segelschiffen, die den Teergeruch an den Tee abgaben.

HEUTE gibt es über 100 verschiedene Aromen; auch grüne Tees werden immer häufiger aromatisiert. Basis ist meist eine preisgünstige Blattmischung, vorrangig China-Tee, häufig gemischt mit etwas Lowgrown Ceylon; bei den grünen Tees meist preiswerter Sencha oder Chun Mee. Ihnen werden natürliche und naturidentische Aromastoffe zugesetzt, die den Teegeschmack so verändern, daß er nur noch eine untergeordnete Rolle spielt. Blätter, Blüten und Fruchtstücke werden meist nur für die Optik untergemischt, sie beeinflussen den Geschmack kaum.

Blattgrade

Beim Sieben der getrockneten Teeblätter entstehen Blatt-Tee, Broken-Tee, Fannings und Dust.

Blatt-Tees sind Orange Pekoe (O.P.), Flowery Orange Pekoe (F.O.P.), Golden Flowery Orange Pekoe (G.F.O.P.), Tippy Golden Flowery Orange Pekoe (T.G.F.O.P.) und Silver oder Super Tippy Golden Flowery Orange Pekoe (S.T.G.F.O.P.). Diese Bezeichnungen sagen nichts über die Tee-Qualität aus, es steht jedem Teegarten frei, eine dieser Bezeichnungen für seinen Blatt-Tee zu verwenden.

Blatt-Tee

Pekoe ist ein Blattgrad speziell bei Ceylon-Tee: ein sehr grober Broken, fast ein Blatt-Tee, und etwas kräftiger als O.P.

Brooken Tee

Broken-Tees sind Absiebungen aus den Blatt-Tees oder werden schon als solche hergestellt. Sie sind recht kräftig, dunkel und manchmal bitter. Sie dürfen nicht zu hoch dosiert werden und nicht lange ziehen.
Die Bezeichnungen sind Broken Orange Pekoe (B.O.P.), Golden Broken Orange Pekoe (G.B.O.P.), Tippy Golden Broken Orange Pekoe (T.G.B.O.P.) und Flowery Broken Orange Pekoe (F.B.O.P.). Auch sie lassen keine Rückschlüsse auf die Qualität zu.

FANNINGS (kleine Aussiebungen) werden fast nur für Aufgußbeutel verwendet. Sie sind sehr kräftig, dunkel färbend und werden schnell bitter.

DUST ist die Bezeichnung für die übrigbleibenden, feinsten, fast staubähnlichen Blattstückchen. Sie sind sehr ergiebig und bitter und werden für Teebeutel verwendet.

Fannings

EINKAUF UND AUFBEWAHRUNG

Dust

KAUFEN Sie Tee möglichst frisch – je frischer, desto aromatischer. Suchen Sie sich ein Teegeschäft, in dem Sie fachkundig beraten werden, oder einen überregionalen Versender. Gute Geschäfte erkennen Sie z. B. an wechselnden saisonalen Angeboten oder durch die Präsentation besonderer Lagentees.

ACHTEN Sie weniger auf den Preis als auf Qualität: Bei einem Einsatz von DM 15.– pro 100 g kostet eine Tasse Tee weniger als 15 Pfennig (für schwarzen Tee braucht man pro Tasse etwa 1 1/2 g, für grünen Tee weniger als 1 g)!
Vor allem bei grünem Tee gilt, daß der Preis viel über seine Qualität und seinen Geschmack aussagt. Preiswerte Tees wie Gunpowder, Chun Mee oder Bancha können leicht fischig oder spinatig schmecken.

Teesorten und Aufgüsse

ERWERBEN Sie Ihren Vorrat nur bis maximal zur nächsten Ernte – vielleicht fällt diese besser aus! Tee und Wein sind in vielen Belangen vergleichbar – bei der Lagerung nicht: Wein wird durch Lagern besser, Tee leider nicht! Haltbare Tees sind der Darjeeling Second Flush, Assam und Ceylon sowie viele grüne Tees aus China und der Oolong aus Formosa.

FÜLLEN Sie den Tee in ein gut schließendes Gefäß: eine feste Dose aus Glas, Porzellan oder auch Plastik. Tee soll luftdicht und sonnengeschützt gelagert werden, möglichst nicht in der Nähe von Gewürzen.

ZUBEHÖR

TEEKANNEN

Bis auf Kannen aus Plastik und Keramik (sie könnten Geschmack abgeben) können Sie alle gut verwenden. Wichtiger als das Material ist die Form der Kanne: rund mit dickem Bauch ist ideal, denn die Teeblätter brauchen Platz.

Die Größe von Kanne und Teesieb ist ideal zum Aufbrühen guter Tees.

BESONDERS gut gelingt Tee in der modernen und funktionalen Glaskanne, die unten abgebildet ist. Optimal sind hier die bauchige Form und das große Edelstahlsieb. So können die Teeblätter frei im Wasser schweben und dabei ganz hervorragend ihr Aroma entfalten, und zwar alle Teesorten, egal ob schwarz, grün, aromatisiert oder aus Kräutern. Das Glas ist feuerfest, man kann die Kanne also auf ein Teelicht stellen.

ALLE Teekannen gehören regelmäßig in die Spülmaschine. Nur jene aus Ton oder Eisen können wegen des porösen Materials den Geschmack von Spülmittel annehmen und müssen deshalb von Hand gespült werden. Jede Kanne sollten Sie vor der Verwendung kurz mit Wasser ausspülen.

Teesieb und Ähnliches

Hier gilt: Je größer, desto besser, damit sich die Blätter gut entfalten können und das Wasser sie gleichmäßig auslaugt. Hervorragend sind die Edelstahlsiebe, wie sie in manchen Glaskannen vorhanden sind. Auch Siebe aus Porzellan sind gut. Nicht geeignet sind Plastiksiebe; sie können Geschmack abgeben, und meist sind ihre Löcher zu groß. Ein silbernes Teesieb sollte nicht mit einem Silberputztuch gereinigt werden.

Baumwollnetze müssen groß genug sein. Sie sollten je eines für schwarzen, grünen und aromatisierten Tee verwenden.

Papierfilter sind gut für eine schnelle Tasse Tee. Sie können allerdings Papiergeschmack abgeben oder die Entfaltung feiner Tees verhindern.

Im Tee-Ei haben die Blätter nicht genug Platz zum Aufgehen und können deshalb nicht so gut ausgelaugt werden. Ähnliches gilt für die Teezange.

Tassen

Sie sind in jeder Form für Tee geeignet. An Tassen aus hauchdünnem Chinaporzellan allerdings verbrennt man sich leicht die Lippen. In zu dicken und zu kleinen Tassen erscheint der Tee sehr dunkel, sie sind deshalb nicht empfehlenswert.

Stövchen

Für eine volle Kanne Tee ist ein Stövchen praktisch. Ist sie weitgehend leer, sollten Sie auf das Teelicht verzichten, da der Tee sonst wieder aufkocht und sein Aroma verliert.

Das Wasser

Weiches, kalkarmes Wasser ist für die Zubereitung von aromatischen Heißgetränken immer besser als hartes. Das deutsche Leitungswasser ist an sich ein hervorragendes Lebensmittel – aber nicht überall ideal für einen guten Tee. In einigen Regionen ist es stark kalkhaltig oder mit Chlor versetzt. Hier müssen Sie »tricksen«.

Entweder verwenden Sie stilles, karbonatarmes Mineralwasser, oder Sie benutzen einen Haushaltswasserfilter, der per Ionenaustauscher und Aktivkohle Kalk, Chlor und auch Blei oder Kupfer aus dem Wasser löst. Leitungswasser wird auf den Filter in die mitgelieferte Kanne gegossen und automatisch gefiltert. In eine Kanne passen 1,3 bis 3 Liter Wasser (je nach Größe), sie werden auf Vorrat gefiltert und sind so immer »einsatzbereit« – nicht nur für Tee, sondern überall,

Wasserfilter

wo der Kalk stört. Auch der unansehnliche Film auf dem Tee und die Ränder in der Tasse entstehen nicht mit Wasser, das so nachbereitet wurde. Alle 4 Wochen muß die Filterpatrone gewechselt werden.

Geeignete Tees für hartes Wasser

Es gibt für jedes Wasser den richtigen Tee. Wenn aus Ihrer Leitung hartes Wasser kommt, wechseln Sie eventuell die Teesorte. Kaufen Sie Tee in einem Geschäft in Ihrer Nähe, denn dort hat man dieselben Wasserbedingungen wie Sie und kann Ihnen die passenden Teesorten empfehlen. Auch Großpacker bieten Teesorten an, deren Geschmack auf die Wasserhärten abgestimmt ist. Sie können auch zu einem Selfdrinker (→ Glossar) wechseln. Bei den Teesorten gebe ich immer an, wenn es sich um einen solchen Tee handelt.

Sri Lanka: Teekisten

EINE Spezialität ist das ostfriesische Wasser. Mit diesem moorigen, weichen Regenwasser schmecken die Assams und Ostfriesenmischungen hervorragend. In anderen Regionen Deutschlands dagegen können diese Tees richtig bitter werden!

DIE ZUBEREITUNG

WICHTIG ist die Dosierung der Blätter. Nehmen Sie nicht zu viel, vor allem grünen Tee kann man durch Überdosieren verderben! Das Maß ist immer der Teelöffel. Die Menge pro Tasse finden Sie bei den einzelnen Teesorten. Bei einer Kanne von 1,2 l Inhalt reichen 4 gehäufte Teelöffel schwarzer und 2 vom grünen Tee.

FÜR schwarzen Tee das Wasser aufkochen und sprudelnd über die Blätter gießen. Auf grünen Tee kein kochendes Wasser geben, da sonst die Inhalts- und Geschmacksstoffe vernichtet werden können. Manche Tees benötigen eine bestimmte Wassertemperatur. Das Wasser möglichst nicht zweimal aufkochen, sondern immer frisches Wasser verwenden.

GRÜNEN Tee kann man teilweise mehrfach aufbrühen, dann sollten Sie aber nicht weniger Blätter als empfohlen nehmen.

ZIEHZEIT

Hochwertige schwarze Tees (v.a. die feinen und feinsten aus China, Japan und Taiwan) können im Wasser bleiben, ohne daß der Tee bitter wird. Allgemein allerdings sollte man keinen Tee länger als 3, maximal

3 1/2 Minuten ziehen lassen. Viele Tees erhalten dann zwar eine anregende Wirkung, aber gerade bei ihnen (z. B. bei Assams, Ceylons und Darjeeling First und Second Flush) ist das Aroma wichtig, das sich nach 1 1/2–3 Minuten entwickelt. Nach 4 Minuten geben die Teeblätter Gerbstoffe ab, die zwar beruhigend wirken, den Tee aber auch bitter machen. Diese Bitterstoffe können dann schnell die feinen Geschmacksstoffe überdecken.

WÜNSCHEN Sie einen beruhigenden Tee, weichen Sie vielleicht auf China Keemun oder Formosa Oolong aus – hier ist der Koffeingehalt relativ gering. Grünen Tee kann man mehrfach aufgießen. Achten Sie aber bitte darauf, daß die feuchten Blätter nicht länger als 12 Stunden aufgehoben werden. Auf ihnen sammeln sich schnell schädliche Schimmelpilze!

Aufgussbeutel

Sie sind praktisch für den Tee in der Arbeit. Der Tee im Beutel ist stark zerkleinert und kann hervorragend vom Wasser ausgelaugt werden. Das löst allerdings auch die Bitterstoffe schnell heraus – also nicht so lange ziehen lassen wie einen schönen Blatt-Tee.

Tee in der Teemaschine

Für einen Alltagstee können Sie sie gut verwenden. Sie sollten aber den Tee nach der Ziehzeit im Behälter (dort erkaltet er auf 70–75°) nicht wieder erhitzen. Er kocht dann nochmal auf und verliert sein Aroma. Die Kaffeemaschine können Sie im Notfall für eine schnelle Tasse einsetzen, aber nicht, um einen guten Tee zu genießen.

Was im Tee schmeckt

Zucker und Kandis sind im schwarzen Tee immer richtig, in kleinen Mengen bedingt auch im grünen Tee. Kandis mag eleganter sein, löst sich aber nur langsam auf.

Sahne und Milch passen gut zu schwereren schwarzen Tees, zum Assam z. B. paßt Sahne hervorragend. Bei einem Darjeeling First Flush allerdings würde das feine Aroma mit Milch/Sahne stark leiden. Auch bei grünen Tees sollten Sie darauf verzichten.

Zitrone kann bei bestimmten Sorten recht erfrischend schmecken – allerdings wohldosiert!

In Glastassen kommt die Tassenfarbe feiner Tees zur Wirkung.

DIE TEESORTEN VON A - Z

An Hua Pine Needle

Herkunft:	China
Herstellungs-/ Erntezeitpunkt:	Ende März/Anfang April
Blattbeurteilung:	jadegrüne, lange Blätter mit silbrigen Spitzen (»Tips«), wie Kiefernnadeln
Geschmacks-beurteilung:	sehr mild und fruchtig
Qualitäts-beurteilung:	hervorragender, feiner, wohlschmeckender Tee
Zubereitung:	1 gehäufter Teelöffel pro Tasse
Ziehzeit:	mindestens 3 Minuten; auch viel länger möglich, Tee wird nicht bitter
Tassenfarbe:	klar, hellgrün-gelblich
Haltbarkeit:	bei richtiger Lagerung unbegrenzt

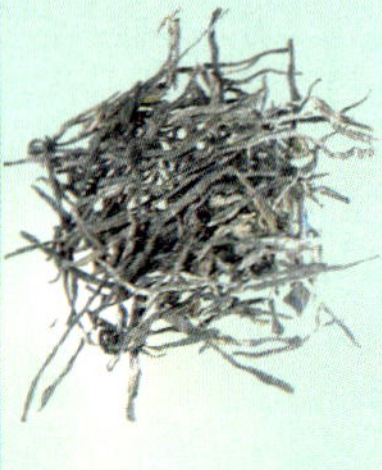

Dieser traditionelle chinesische Tee ist seit dem 17. Jahrhundert bekannt. Lediglich 1 Blatt sowie 1 noch nicht aufgegangenes Blatt werden geerntet, zum kurzen Trocknen ausgebreitet, danach gerollt und unter großer Hitze blanchiert. Bevor der Tee getrocknet wird, werden die Blätter vorsichtig wieder in die ursprüngliche Form gebracht und anschließend nach einheitlichem Aussehen sortiert.

Bancha

Herkunft: Japan

Herstellungs-/Erntezeitpunkt: Ende Juli/August

Blattbeurteilung: grobes, unregelmäßiges, breites, gelb-braun-grünes Blatt mit Einwurf (»Stalks«)

Geschmacksbeurteilung: mild-herb, etwas fischig oder spinatig

Qualitätsbeurteilung: recht einfacher Konsumtee, für jedes Wasser geeignet, preiswert

Zubereitung: 1 leicht gehäufter Teelöffel pro Tasse

Ziehzeit: ca. $3\frac{1}{2}$ Minuten

Tassenfarbe: gelb-bräunlich mit einem leichten grünen Unterton

Haltbarkeit: 2 Jahre

➤ *Der Bancha Tee aus Japan ist die einfachste und preiswerteste Teesorte dieses Landes. Häufig wird dieser Tee als Basismischung für aromatisierte Grüntees verwendet, in Japan auch als Grundmischung für den → Genmaicha.*

Ba Shan Yin Ya

Herkunft:	China
Herstellungs-/ Erntezeitpunkt:	April
Blattbeurteilung:	zartes, kleines, leicht gedrehtes, jadegrünes Blatt mit silbrigen »Tips« und viel Flaum
Geschmacksbeurteilung:	mild, weich, fruchtig
Qualitätsbeurteilung:	sehr feiner, ausgesuchter Tee
Zubereitung:	1 gehäufter Teelöffel pro Tasse, kein kochendes Wasser
Ziehzeit:	5 Minuten und länger
Tassenfarbe:	goldgrün
Haltbarkeit:	3–4 Jahre

Eine Spezialität aus den hohen Bergen Hunans in Zentralchina. Das Anbaugebiet liegt ständig in Wolken. Viel Feuchtigkeit, wenig Sonneneinstrahlung und hervorragende Bodenverhältnisse geben diesem feinen, ausdrucksvollen Tee die besondere Qualität. Er ist eine Rarität und Spezialität zugleich.

Ceylon Grüntee

Herkunft:	Sri Lanka (Ceylon)
Herstellungs-/ Erntezeitpunkt:	ganzjährig
Blattbeurteilung:	von → Gunpowder-Qualität bis zu einem offenen, langen, leicht gedrehten, grünen Blatt
Geschmacks-beurteilung:	herb
Qualitäts-beurteilung:	einfache grüne Tees
Zubereitung:	1 gehäufter Teelöffel pro Tasse
Ziehzeit:	ca. 3 Minuten
Tassenfarbe:	grün-gelb
Haltbarkeit:	2 Jahre

Auf einigen Plantagen Sri Lankas wird grüner Tee hergestellt, der auch nach Europa importiert, allerdings vorrangig in Afrika verkauft wird. Seine Qualität ist sehr einfach.

Chun Mee

Herkunft:	China und Formosa (Taiwan)
Herstellungs-/ Erntezeitpunkt:	Sommerproduktion
Blattbeurteilung:	grünes, kurzes, gleichmäßiges Blatt mit etwas »Broken«-Anteilen
Geschmacks-beurteilung:	herb, leicht würzig
Qualitäts-beurteilung:	einfach, preiswert
Zubereitung:	1 gestrichener Teelöffel pro Tasse
Ziehzeit:	ca. 3 Minuten
Tassenfarbe:	grün-gelb
Haltbarkeit:	ca. 3 Jahre

In großen Mengen hergestellter Tee ohne große Höhen und Tiefen, schmeckt bei höherer Dosierung oft etwas fischig oder spinatig. Dies kann verbessert werden, wenn Sie noch mehr heißes Wasser zum bereits fertigen Tee gießen.

Cui Ya

Herkunft:	China
Herstellungs-/ Erntezeitpunkt:	April
Blattbeurteilung:	smaragdgrüne, lange, leicht geöffnete Blätter mit etwas silbrigem Flaum an der Blattspitze; Blattknospe und 1 Blatt
Geschmacks-beurteilung:	fein-mild, Pfirsichduft, süß
Qualitäts-beurteilung:	sehr hohe Qualitätsstufe, angenehm und wohlschmeckend-frisch, blumig-fruchtiges Spitzenprodukt
Zubereitung:	1 gehäufter Teelöffel pro Tasse (Blätter sind sehr groß und leicht)
Ziehzeit:	mindestens 3 Minuten, auch länger möglich, wird nicht bitter
Tassenfarbe:	grün-gelb
Haltbarkeit:	mindestens 3 Jahre

Aus dem westlichen Gebiet Anhuis kommt dieser hervorragende Tee. Cui heißt smaragdgrün, Ya Sproß. Bei der Zubereitung erkennt man deutlich das zarte, frische, junge Teeblatt mit dem noch nicht aufgegangenen Teeblatt, welches sich im Wasser langsam öffnet. Geschmack, Süße und Duft lassen jede Tasse zu einem besonderen Genuß werden.

Cui Zhen

Herkunft:	China
Herstellungs-/ Erntezeitpunkt:	April/Mai
Blattbeurteilung:	zartes, olivgrünes, schlankes und drahtiges Blatt
Geschmacks-beurteilung:	sehr feines, unaufdringliches, leichtes, an Stachelbeeren erinnerndes Aroma, nachhaltiger Geschmack
Qualitäts-beurteilung:	ausgesprochene Besonderheit, angenehm zum regelmäßigen »Nebenbeitrinken«
Zubereitung:	1 gestrichener Teelöffel pro Tasse, kein kochendes Wasser
Ziehzeit:	ca. 3 Minuten, wird nicht bitter
Tassenfarbe:	hellgrün
Haltbarkeit:	unbegrenzt

Zu diesem ganz besonderen, seit fast 150 Jahren bekannten Tee gibt es eine traurige Geschichte. Eine wunderschöne junge Frau namens Cui Zhen fand im Hochgebirge besonders feine Teeblätter und brachte sie in ihr Dorf. Das Aroma dieses Tees begeisterte alle Anwesenden, und man bat Cui Zhen, weitere Teeblätter zu pflücken. Dabei stürzte sie ab und verunglückte tödlich. Man ehrte sie, indem man diesem Tee ihren Namen gab.

DARJEELING GREEN TEA

Herkunft:	Indien (Nord)
Herstellungs-/ Erntezeitpunkt:	Mai sowie ab Ende Juli/Anfang August
Blattbeurteilung:	grau-schwarz, mit einem Hauch grün
Geschmacks-beurteilung:	herb-frisch, leicht blumig
Qualitäts-beurteilung:	einfache Tees, die in keiner Weise an die chinesischen oder japanischen Tees heranreichen
Zubereitung:	1 gestrichener Teelöffel pro Tasse
Ziehzeit:	ca. 3 Minuten
Tassenfarbe:	grün-gelb
Haltbarkeit:	1–1 1/2 Jahre

➤ *Aus Darjeeling sind kaum nennenswerte gute grüne Tees im Handel. Erntebedingungen, Ausbildung der Pflücker, Ausstattung der Fabriken (95% der Darjeelings sind Schwarztees, so daß man auf deren Produktion spezialisiert ist) sowie Transportwege und -zeiten machen die Herstellung eines qualitativ hochwertigen grünen Tees äußerst problematisch.*

Da Zhan Shan (bio)

Herkunft: China

Herstellungs-/Erntezeitpunkt: Ende April/Anfang Mai

Blattbeurteilung: kleine, zarte, leicht gekräuselte, smaragdgrüne Blattspitzen

Geschmacksbeurteilung: fruchtig-mild

Qualitätsbeurteilung: feiner, biologisch angebauter Tee mit lang anhaltendem Geschmack im Mund

Zubereitung: 1 gehäufter Teelöffel pro Tasse, kein kochendes Wasser

Ziehzeit: ca. 5 Minuten

Tassenfarbe: smaragdgrün

Haltbarkeit: 4 Jahre

Unweit der Provinzstadt Wuyuan wird in den hohen Bergen unter biologischer Kontrolle europäischer Inspektoren zu Beginn der Teesaison eine sehr kleine, aber hochfeine Menge dieses Tees hergestellt. Der fruchtig-milde Charakter dieses Selfdrinker-Tees zeigt sich in jedem Wasser.

Ding Gu Da Fang

Herkunft: China

Herstellungs-/ Erntezeitpunkt: April/Mai

Blattbeurteilung: breites, flachgepreßtes, langes, olivgrünes Blatt mit gelb-silbrigem Flaum an den Spitzen

Geschmacksbeurteilung: kastanienartiger Duft und Geschmack, fein-würzig, leicht

Qualitätsbeurteilung: Für Einsteiger in den grünen Tee – die Zubereitung gelingt (fast) jedem. Trotzdem ein hochwertiger Tee; Selfdrinker.

Zubereitung: 1 gehäufter Teelöffel pro Tasse, kein kochendes Wasser

Ziehzeit: 3–4 Minuten

Tassenfarbe: bräunlich-grünlich, klar

Haltbarkeit: unbegrenzt

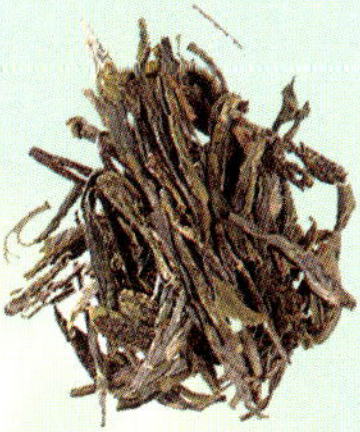

Vor über 400 Jahren erfand der buddhistische Mönch Da Fang in Ding Gu im Südosten Anhuis eine spezielle Methode zur Herstellung von grünem Tee, nach der noch heute Qualitätstees produziert werden. Hierzu werden die frisch geernteten Teeblätter nur kurz an der Sonne getrocknet und dann über offenem Feuer geröstet. Diese Teesorte gehört bis heute zu den berühmtesten des Landes und findet weltweit großen Anklang.

GENMAICHA

Herkunft:	Japan
Herstellungs-/ Erntezeitpunkt:	Juli/Ende August
Blattbeurteilung:	offene, grüne Blätter, vermischt mit geröstetem Reis und Puffmais
Geschmacksbeurteilung:	süßliches Getränk, kaum an Tee erinnernd
Qualitätsbeurteilung:	erinnert an den Geschmack von Kaugummi
Zubereitung:	1 gestrichener Teelöffel pro Tasse, kochendes Wasser
Ziehzeit:	4–5 Minuten
Tassenfarbe:	gelblich
Haltbarkeit:	unbegrenzt

➤ *Preiswerte Variante eines »Getränks mit Teeblättern«.*

Green Jade Rings

Herkunft:	China (Yunnan)
Herstellungs-/ Erntezeitpunkt:	Mai/Juni
Blattbeurteilung:	jadegrüne Teeblätter mit silbrig-goldenem Flaum, zu Ringen auf Baumwoll- oder Hanffäden gedreht und getrocknet
Geschmacks- beurteilung:	fruchtig-mild, leicht erdig
Qualitäts- beurteilung:	Ausgesucht feine, längere Blattknospen werden sorgfältig auf Bändern aufgedreht und dann getrocknet. Sie entfalten sich in der Tasse völlig – etwas für Optik und Geschmack.
Zubereitung:	1 gehäufter Teelöffel pro Tasse, möglichst kein kochendes Wasser
Ziehzeit:	3–4 Minuten, auch länger möglich, wird nicht bitter
Tassenfarbe:	jadegrün
Haltbarkeit:	unbegrenzt

Sehr interessant, wie sich die aufgerollten Teeblätter in heißem Wasser entfalten und dem Tee einen angenehm fruchtigen, gehaltvollen Geschmack verleihen. In jeder Hinsicht eine Besonderheit – geschmacklich und optisch.

Grüne Mu Dan Rosen

Herkunft:	China
Herstellungs-/ Erntezeitpunkt:	Frühling–Sommer
Blattbeurteilung:	jadegrüne Blattknospen, zusammengebunden zu einer Rose
Geschmacks-beurteilung:	frisch, mild, honigartig
Qualitäts-beurteilung:	praktisch, wenn man mehrere Tassen Tee hintereinander trinken möchte
Zubereitung:	bei 1 Mu Dan Rose pro Glas oder Kanne kann man 4–5mal heißes Wasser nachgießen
Ziehzeit:	unbegrenzt, wird nicht bitter
Tassenfarbe:	gelb-grün, klar
Haltbarkeit:	unbegrenzt

Mu Dan heißt »Pfingstrose«. Der Tee sieht wie eine aufgehende Pfingstrose aus, schwimmt zuerst auf dem heißen Wasser und sinkt langsam herab, sobald sich die Blätter geöffnet haben. Er duftet angenehm blumig. Auf die im Glas servierte Rose kann mehrfach Wasser gegeben werden. Meist ist das erste Glas erfrischend, das zweite dann vollmundig und fruchtig.

GUI HUA (OSMANTHUSBLÜTEN-TEE)

Herkunft: China

Herstellungs-/ Erntezeitpunkt: Tee im Mai, Osmanthusblüten im August

Blattbeurteilung: dunkelgrünes, leicht gekräuseltes, offenes, grobes Blatt mit einigen silbrigen Spitzen und goldbraunen Osmanthusblüten

Geschmacks-beurteilung: frisch, mild-herb, wunderschöner zarter Orchideenduft

Qualitäts-beurteilung: Durch den Duft der Blüten gewinnt der Basistee (→ Jin Xian Te Jian) eine sehr aparte Note.

Zubereitung: 1 gehäufter Teelöffel pro Tasse, kein kochendes Wasser

Ziehzeit: 3–4 Minuten, wird nicht bitter

Tassenfarbe: gelb-braun

Haltbarkeit: 2 Jahre

Die Osmanthusblüten werden dem → Jin Xian Te Jian Tee hinzugegeben. Frisch nach der Ernte besitzen sie einen angenehm milden und unaufdringlichen Duft, der sich auf den Tee überträgt und eine harmonische Bereicherung dieses Grundtees darstellt.

GUNPOWDER

Herkunft:	China
Herstellungs-/ Erntezeitpunkt:	Mai–Juli
Blattbeurteilung:	kleine, kugelige, dunkel- bis olivgrüne Blätter (= Korn)
Geschmacksbeurteilung:	herb-würzig
Qualitätsbeurteilung:	vorwiegend einfache bis mittlere Qualität, preiswert
Zubereitung:	1 gestrichener Teelöffel pro Tasse, heißes oder kochendes Wasser
Ziehzeit:	3 Minuten
Tassenfarbe:	grün bis bräunlich-grün
Haltbarkeit:	nahezu unbegrenzt

Gunpowder Tee ist der bekannteste grüne chinesische Tee. Es gibt ihn in verschiedenen Variationen. Die preiswerten Sorten sind meist sehr grob im Blatt, das Korn ist nicht geschlossen und wirkt breit und flach. Grundsätzlich gilt: je kleiner und kugeliger das Korn, desto feiner die Teequalität. Pinhead Gunpowder z. B. hat ein sehr kleines, fast stecknadelkopf großes Korn und wird vorrangig aus gutem, jungem Blatt-Material hergestellt.

Guricha

Herkunft:	Japan
Herstellungs-/ Erntezeitpunkt:	Mai/Juni
Blattbeurteilung:	kleines, unregelmäßiges, leicht kräuseliges, dunkelgrünes Blatt
Geschmacks-beurteilung:	fruchtig-frisch und fein
Qualitäts-beurteilung:	feine Variante des → Sencha Tees, wird aus dem gleichen Blattgut hergestellt, allerdings nicht weiter gerollt oder gepreßt, sondern lediglich getrocknet
Zubereitung:	1 gestrichener Teelöffel pro Tasse, kein kochendes Wasser
Ziehzeit:	2 1/2–3 Minuten
Tassenfarbe:	hellgelb
Haltbarkeit:	ca. 3 Jahre

➤ *Nach dem Entfernen der Enzyme in den Blättern durch kochenden Wasserdampf wird dieser Tee nur noch getrocknet und sortiert. Im Aussehen nicht so elegant wie → Sencha (Japan) oder → Gyokuro, im Geschmack allerdings häufig frischer und fruchtiger.*

GYOKURU

Herkunft:	Japan
Herstellungs-/ Erntezeitpunkt:	Ende April/Anfang Mai
Blattbeurteilung:	dunkelgrünes, gleichmäßiges, langes, schönes Blatt
Geschmacks-beurteilung:	trocken bis herb, etwas fruchtig, süßlicher Nachgeschmack
Qualitäts-beurteilung:	feinster Tee Japans, der nach besonderen Verfahren hergestellt wird; viele Gerbstoffe und Tein neutralisieren den Mundgeschmack sofort.
Zubereitung:	1 gerade eben bedeckter Teelöffelboden, Wasser möglichst 60°
Ziehzeit:	3–5 Minuten, bei sehr guten Qualitäten auch länger möglich
Tassenfarbe:	neongrün
Haltbarkeit:	unbegrenzt bei 4–7° in Alufolie gewickelt im Kühlschrank

Die Teebüsche werden bis zu 20 Tage mit Reetmatten abgedeckt, damit die Gerbstoffe und das Tein nicht durch die Sonneneinstrahlung abgebaut werden. Für feinste Gyokuru Tees werden Preise bis zu US$ 1.000/kg bezahlt. Es gibt auch preiswertere Varianten. Sie erkennen den Unterschied an der Blattbeschaffenheit: je dunkler, vollständiger und gleichmäßiger das Blatt, desto besser der Tee.

Hai Bei Tu Zhu

Herkunft:	China
Herstellungs-/ Erntezeitpunkt:	April
Blattbeurteilung:	lange, frische, dunkelgrüne Blätter mit »Tips«, malerisch gebündelt in Form einer Muschel
Geschmacks-beurteilung:	fein-fruchtig, würzig, herb
Qualitäts-beurteilung:	ein Kunstwerk, das angenehm würzig-blumig schmeckt und etwas für das Auge bietet
Zubereitung:	1 Teemuschel in eine Kanne oder besser in ein Glas geben, mit 70° heißem Wasser aufgießen, nach Belieben einige Stücke Kandis und/oder etwas Zitronensaft beigeben
Ziehzeit:	mindestens 5 Minuten, auch länger möglich, wird nicht bitter
Tassenfarbe:	hellgrün-bräunlich
Haltbarkeit:	unbegrenzt

Hai Bei Tu Zhu heißt übersetzt »in der Muschel eingebettete Perle«. Langsam öffnen sich die feinen Blätter der Muschel, und aus ihr schweben eine Chrysanthemen- und eine Pflaumenblüte empor. Die Chrysantheme symbolisiert das Leben in der Muschel, die Pflaumenblüte die Perle. In China gilt dieser Tee als absolute Spitze der Perfektion.

Huang Shan Mao Feng

Herkunft:	China
Herstellungs-/ Erntezeitpunkt:	April
Blattbeurteilung:	langes, smaragdgrünes Blatt mit vielen silbrigen »Tips«
Geschmacks-beurteilung:	fein-fruchtig, mild, süß
Qualitäts-beurteilung:	sehr feiner, ausgesuchter Tee
Zubereitung:	1 gehäufter Teelöffel pro Tasse, kein kochendes Wasser
Ziehzeit:	5 Minuten und länger, wird nicht bitter
Tassenfarbe:	smaragdfarben
Haltbarkeit:	3–4 Jahre

Herkunft und Erntezeit wie → Huang Shan Mao Jian, jedoch ist beim Mao Feng die Blattauslese feiner und der Tee daher im Geschmack wertvoller. Nur die nicht aufgegangenen Blattspitzen werden hier verwendet.

HUANG SHAN MAO JIAN

Herkunft:	China
Herstellungs-/ Erntezeitpunkt:	April
Blattbeurteilung:	langes, wohlgeformtes, smaragdgrünes Blatt mit einigen silbrigen »Tips« und etwas bräunlichem Einwurf
Geschmacks-beurteilung:	mild-fruchtig, weich, süß
Qualitäts-beurteilung:	Qualitätsprodukt mit angenehm weichem Charakter
Zubereitung:	1 leicht gehäufter Teelöffel pro Tasse, kein kochendes Wasser
Ziehzeit:	3–4 Minuten, wird nicht bitter
Tassenfarbe:	gelb-grün, smaragdfarben
Haltbarkeit:	3–4 Jahre

Aus dem Huang Shan-Gebiet im Süden Anhuis stammt dieser Tee, der zu den 10 berühmtesten Qualitäten Chinas gehört. Das Gebiet ist als Naturschutzgebiet bekannt. Aus den zarten, weichen, aufgegangenen Blättern sowie den noch nicht aufgegangenen Blattspitzen wird der → Huang Shan Mao Feng hergestellt, der Rest wird für Mao Jian verwendet.

Huo Shan Huang Ya

Herkunft:	China
Herstellungs-/ Erntezeitpunkt:	April
Blattbeurteilung:	große, gelb-grüne Blätter, umringt von zartem Flaum, erinnern vom Aussehen her etwas an einen Vogelschnabel
Geschmacks-beurteilung:	mild, süßlich
Qualitäts-beurteilung:	feiner, eleganter Tee
Zubereitung:	1 gehäufter Teelöffel pro Tasse, kein kochendes Wasser
Ziehzeit:	5 Minuten und länger, wird nicht bitter
Tassenfarbe:	gelb-grün
Haltbarkeit:	3–5 Jahre

Diese Spezialität gehört zu den 10 bekanntesten Teesorten Chinas. Der Tee wird hergestellt am Fuße der Dabishan-Berge im westlichen Anhui. In diesem Gebiet gibt es häufig lang anhaltenden Nebel, viele Regenfälle und relativ wenig Sonne – ideal für einen guten Tee. Dieser Tee schmeckt angenehm süß und bleibt lange im Gaumen erhalten.

Jade Oolong

Herkunft:	Formosa (Taiwan)
Herstellungs-/ Erntezeitpunkt:	Mai–Juli
Blattbeurteilung:	grobe, dunkelgrüne, leicht geöffnete Kugeln
Geschmacks-beurteilung:	fruchtig-erdig, würzig
Qualitäts-beurteilung:	recht guter grüner Tee, nicht fermentiert, zeigt seinen Charakter in fast jedem Wasser (Selfdrinker), einfach zuzubereiten
Zubereitung:	1 leicht gehäufter Teelöffel pro Tasse, möglichst kein kochendes Wasser
Ziehzeit:	ca. 3 Minuten, Tee wird nicht bitter
Tassenfarbe:	hellgrün-gelblich
Haltbarkeit:	unbegrenzt

Ein interessanter Tee, der immer mehr Freunde gewinnt, da er leicht zuzubereiten ist und seinen sortentypischen Geschmack bei jeder Wasserhärte zeigt. Je dunkelgrüner, fast schon bläulicher die Blätter sind, desto später fand die Ernte statt, und desto herber ist der Tee. Bisher war der Jade Oolong vorwiegend in Südostasien bekannt, wird aber in Europa immer häufiger angeboten.

Jasmine Tee

Herkunft:	China
Herstellungs-/ Erntezeitpunkt:	Basistee Mai–Juli, die Jasmineblüten ab August
Blattbeurteilung:	je nach Qualität dunkelgrünes, fast schwarzes Blatt: vom flachen, breiten und offenen Blatt mit sehr viel Einwurf (»Stalks«) bis zum feinen, zarten, kleinen, leicht gekräuselten, olivgrünen Blatt. Mit und ohne Jasmineblüten.
Geschmacksbeurteilung:	Der Jasmineduft überdeckt den Teegeschmack.
Qualitätsbeurteilung:	einfach bis hervorragend
Zubereitung:	1 Teelöffelspitze pro Tasse
Ziehzeit:	ca. 3 Minuten
Tassenfarbe:	einfachere Tees meist bräunlich-gelb, bessere Sorten gelbgrün bis grün
Haltbarkeit:	ca. 2 Jahre

Jasminetees aus China werden vorrangig als STD-Tees gehandelt. Man kann die Unterschiede gut erkennen: Je mehr Blüten der Tee enthält, desto einfacher ist seine Qualität. Feinere Sorten können das Aroma der Blüten besser aufnehmen und halten. Bei diesen Sorten reichen 6–8 Blätter pro Tasse.

Jin Shang Tian Hua

Herkunft:	China (südliches Anhui)
Herstellungs-/ Erntezeitpunkt:	April
Blattbeurteilung:	lange, frisch-grüne Blätter mit silbrigen »Tips«
Geschmacksbeurteilung:	mild-herb, fruchtig, würzig
Qualitätsbeurteilung:	optisch hervorragend gelungene Spezialität, die auch geschmacklich überrascht, da mehrere Aufgüsse möglich sind und jeder seinen eigenen, individuellen Charakter hat
Zubereitung:	1 Strohhut pro Kanne oder Glas, kein kochendes Wasser
Ziehzeit:	3 Minuten, auch länger möglich, da er kaum bitter wird
Tassenfarbe:	grün-gelb
Haltbarkeit:	unbegrenzt

Wie ein kleiner Strohhut sind die Teeblätter zusammengebunden und schließen eine Chrysanthemenblüte ein. Im heißen Wasser entfalten sich die Blätter, die Blüte steigt auf – deshalb den Tee im Glas oder einer Glaskanne zubereiten. Der erste Aufguß ist recht erfrischend, der zweite bereits vollmundig süß. Eventuell etwas Kandis und/oder Zitronensaft hinzugeben.

Jin Xian Te Jian

Herkunft:	China
Herstellungs-/ Erntezeitpunkt:	Mai
Blattbeurteilung:	dunkelgrünes, leicht gekräuseltes, aber offenes, großes Blatt mit einigen silbrigen Spitzen
Geschmacks-beurteilung:	frisch, mild-herb
Qualitäts-beurteilung:	guter Konsumtee, preiswerte Variante der späten Frühlingstees
Zubereitung:	1 gehäufter Teelöffel pro Tasse, kein kochendes Wasser
Ziehzeit:	ca. 5 Minuten, wird nicht bitter
Tassenfarbe:	zartgrün
Haltbarkeit:	2 Jahre

Ein traditioneller und berühmter Tee aus der Ta-Dynastie. Diese preiswerte Variante wird von Hand aus 2 Blättern und 1 Blattknospe hergestellt. Die Blätter werden über offenem Feuer geröstet, was auch den hin und wieder auftretenden leicht rauchigen Touch erklärt. Dieser Tee galt lange Zeit als kaiserliche Teemischung. Man sagt ihm nach, daß er bei häufigem Konsum das Wohlbefinden steigert.

Jiu Hua Mao Feng

Herkunft:	China (südliches Anhui)
Herstellungs-/ Erntezeitpunkt:	April
Blattbeurteilung:	unregelmäßiges, gekräuseltes, oliv- bis jadegrünes Blatt mit einigen silbergrünen »Tips«
Geschmacksbeurteilung:	delikat, frisch, mild-süßlich, leichter Mandelgeschmack
Qualitätsbeurteilung:	Besonderheit, leichter Tee für den ganzen Tag zum ständigen »Nebenbeitrinken«
Zubereitung:	1 gut gehäufter Teelöffel pro Tasse
Ziehzeit:	mindestens 4 Minuten, auch länger möglich, wird nicht bitter
Tassenfarbe:	hellgrün bis jadegrün, je nach Dosierung
Haltbarkeit:	unbegrenzt, erntefrisch allerdings eine Köstlichkeit

Eine traditionelle chinesische Teesorte, die bereits während der Ta-Dynastie von buddhistischen Mönchen im heiligen Land der Jiu Hua-Berge angebaut und hergestellt wurde. Das noch nicht entfaltete Blatt wird zusammen mit 1, maximal 2 aufgegangenen Blättern geerntet, von Enzymen befreit, in einer kleinen Rollmaschine gewalkt und dann langsam in Pfannen getrocknet.

KOKEICHA

Herkunft:	Japan
Herstellungs-/ Erntezeitpunkt:	Mai–Ende August
Blattbeurteilung:	kleines, nadelfeines, zartes, fast schwarzes Blatt
Geschmacks-beurteilung:	mild-herb, spinatig
Qualitäts-beurteilung:	einfacher Tee ohne besondere Höhepunkte
Zubereitung:	ca. 1 gestrichener Teelöffel pro Tasse
Ziehzeit:	3–5 Minuten
Tassenfarbe:	grün-gelb
Haltbarkeit:	unbegrenzt

In Japan gibt es kaum Interessenten für Fannings und Broken Tees, da diese allgemein recht bitter sind. Deshalb werden diese Grade zu kleinsten Partikelchen gemahlen, mit einem Bindemittel versehen und durch nadelfeine Düsen gedrückt. Dieses Produkt ist dann der Kokeicha.

KUKICHA

Herkunft:	Japan
Herstellungs-/ Erntezeitpunkt:	Ende April–Mitte Juli
Blattbeurteilung:	gelb-grüne Stengel und Blatt-Teile
Geschmacks-beurteilung:	fein-fruchtig, mild, angenehm blumig
Qualitäts-beurteilung:	trotz der eher mittelmäßigen Blattqualität ein recht feiner Tee; teilweise geschmacklich vergleichbar mit hervorragenden First Flush Grüntees
Zubereitung:	1 gestrichener Teelöffel pro Tasse, kein kochendes Wasser
Ziehzeit:	3–5 Minuten, auch länger möglich, wird kaum bitter
Tassenfarbe:	gelblich, leichter Grüntouch
Haltbarkeit:	2–3 Jahre

Der Kukicha Tee besteht aus den Blattrippen und teilen der → Sencha Tees. Japaner bevorzugen bei den Sencha und → Gyokuru Tees der April-/Mai-Ernte eine einheitliche, dunkelgrüne Blattfarbe. Daher werden die »Stalks«, also die Adern der Blätter, sowie die Blattstengel meist heraussortiert. Qualitativ ist dieser Tee häufig den frühen feinen Senchas gleichzusetzen, allerdings ist er sehr viel preiswerter.

Long Xu

Herkunft:	China (südliches Anhui)
Herstellungs-/ Erntezeitpunkt:	April
Blattbeurteilung:	jadegrünes, kleines, zartes, gekräuseltes Blatt mit sehr vielen silbrigen »Tips«
Geschmacksbeurteilung:	süß, fruchtig, melonenartig
Qualitätsbeurteilung:	besondere Rarität, hervorragend feiner Tee für jedes Wasser (Selfdrinker)
Zubereitung:	1 gestrichener bis leicht gehäufter Teelöffel pro Tasse
Ziehzeit:	3–5 Minuten, wird nicht bitter
Tassenfarbe:	sehr klar und gelb-grün
Haltbarkeit:	unbegrenzt

Long Xu Teeblätter erinnern etwas an Barthaare, was dieser Name übersetzt auch bedeutet. Der Tee ist eine Spezialität, von der jährlich nur ca. 500 kg hergestellt werden. Obwohl erst seit Ende der 80er Jahre bekannt – also ein relativ junger Tee –, hat er Teefreunde in Hongkong, Macao und Europa schnell überzeugt. Nach Europa wird er häufig per Flugzeug gebracht, da er frisch eine besondere Köstlichkeit darstellt.

Lu An Gua Pian

Herkunft:	China
Herstellungs-/ Erntezeitpunkt:	April/Mai
Blattbeurteilung:	großes, grobes, langes, dunkelgrünes, leichtes und offenes Blatt
Geschmacksbeurteilung:	mild, weich, delikat frisch-blumig und süßlich-fruchtig
Qualitätsbeurteilung:	angenehmer, weicher Tee, feine Qualität
Zubereitung:	1 leicht gehäufter Teelöffel pro Tasse, kein kochendes Wasser
Ziehzeit:	3–5 Minuten
Tassenfarbe:	frisch-grün und klar
Haltbarkeit:	mindestens 3 Jahre

Von den 10 berühmtesten chinesischen Tees ist der Lu An Gua Pian der am längsten bekannte. Hergestellt wird er in den hohen Bergen Dabishans im Westen Anhuis im Gebiet Lu An. Etwas größere Blätter zusammen mit 1 Blattknospe werden nach dem Pflücken manuell über Holzfeuern geröstet. Nicht nur in China eine gern konsumierte Besonderheit.

LUNG CHING (CHINA)

Herkunft:	China
Herstellungs-/ Erntezeitpunkt:	April–Juli
Blattbeurteilung:	großes, langes, flach gepreßtes, grün-gelbliches Blatt
Geschmacks-beurteilung:	recht mild, Orchideenduft
Qualitäts-beurteilung:	hervorragender Tee, der in fast jedem Wasser seinen Charakter zeigt
Zubereitung:	1 gehäufter Teelöffel pro Tasse, warmes Wasser bis ca. 60°
Ziehzeit:	3–4 Minuten
Tassenfarbe:	hell-grün
Haltbarkeit:	unbegrenzt

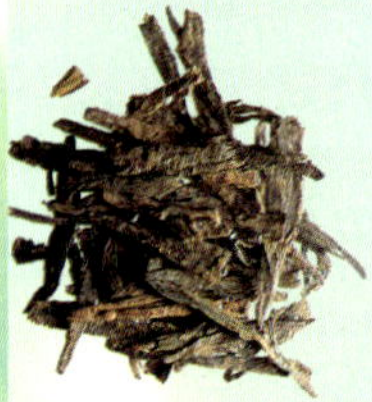

Lung Ching Tee ist schon seit ca. 1700 Jahren bekannt. Mönche sollen ihn Pilgern gereicht haben, die sich nach dem Genuß erfrischt und wohl fühlten. Der Tee vertrieb den »Streß« und befreite den Kopf von allen Gedanken. Ihm wird eine heilsame Wirkung nachgesagt. Im Chinesischen bedeutet das Wort Lung »Drache«, Ching heißt »gut« – »guter Drache«. 1 Blattknospe sowie 1 oder auch 2 geöffnete Blätter werden über Feuer vorsichtig geröstet, je nach Qualität.

Lung Ching (Taiwan)

Herkunft:	Formosa (Taiwan)
Herstellungs-/ Erntezeitpunkt:	Mitte Mai und Mitte Juli
Blattbeurteilung:	sehr langes, flach gepreßtes, smaragdgrünes Blatt
Geschmacks-beurteilung:	fruchtig-frisch, blumig, mild und zart, gelegentlich pflaumenartiger Duft
Qualitäts-beurteilung:	sehr feine Spezialität, hervorragender Qualitätstee; Selfdrinker
Zubereitung:	1 leicht gehäufter Teelöffel pro Tasse, möglichst kein kochendes Wasser
Ziehzeit:	ca. 5 Minuten, auch länger möglich, wird kaum bitter
Tassenfarbe:	hellgrün, leicht gelblich
Haltbarkeit:	unbegrenzt, frisch konsumiert allerdings eine Gaumenfreude

Die Blätter des taiwanesischen Lung Ching Tees sind länger und breiter als die des chinesischen. Dieser Tee schmeckt zarter und weicher und ist ideal für Einsteiger in den grünen Tee. Der Tee wird ausschließlich von Hand gepflückt und anschließend mit großer Sorgfalt hergestellt. Ein Spitzentee, dessen Preis leider häufig an der oberen Grenze liegt.

Matcha

Herkunft:	Japan
Herstellungs-/ Erntezeitpunkt:	Mitte April
Blattbeurteilung:	pulverisierter Grüntee
Geschmacks-beurteilung:	sehr herb bis bitter
Qualitäts-beurteilung:	feinster Basistee, der allerdings nur für die japanische Teezeremonie eingesetzt werden sollte
Zubereitung:	Das Pulver wird in einer Schale mit Wasser schaumig geschlagen und mit heißem Wasser verdünnt.
Ziehzeit:	keine
Tassenfarbe:	grünlich
Haltbarkeit:	in verschlossener Dose unbegrenzt, in geöffneter Dose möglichst rasch zu verbrauchen

Für die Herstellung dieser typisch japanischen Teesorte wird nur allerfeinstes Blattgut der ersten Erntetage verwendet. Für gute Matchatees werden teilweise Höchstpreise bezahlt. Aufgrund der kleinen Konsistenz der Blattteile wird dieser Tee sehr schnell bitter. Bei herkömmlicher Teezubereitung (nicht wie oben beschrieben) wird der Tee so herb und bitter, daß man ihn kein zweites Mal trinken möchte.

Pai Mu Tan – White Tea

Herkunft:	China
Herstellungs-/ Erntezeitpunkt:	April/Mai
Blattbeurteilung:	ganze, getrocknete Blätter mit vielen »Tips«, unregelmäßig
Geschmacks-beurteilung:	sehr weich und zart, mild, blumig
Qualitäts-beurteilung:	je nach Erntezeit hervorragender weißer Tee
Zubereitung:	$1^1/_2$–2 Teelöffel pro Tasse (Tee ist meist sehr leicht)
Ziehzeit:	mindestens 3–4 Minuten, auch länger möglich (bis zu 10 Minuten), wird nicht bitter
Tassenfarbe:	gelblich bis orange
Haltbarkeit:	unbegrenzt

Pai heißt »weiß« und Mu Tan »Pfingstrose«. Der Tee wird sonnengetrocknet und anschließend vorsichtig geröstet. Man sagt diesem Tee viele gesundheitsfördernde Wirkungen nach. Sein klarer und frischer Geschmack zeichnet ihn aus. Hervorragende Qualitäten gibt es im April, einfachere im Juni. Unterscheiden kann man diese leicht anhand der Blätter: je gröber sie sind, je höher der Anteil an braunen Blättern, je weniger silbrige »Tips«, desto geringer ist die Qualität.

Pi Lo Chun (Taiwan)

Herkunft:	Formosa (Taiwan)
Herstellungs-/ Erntezeitpunkt:	Mai und Anfang Juli
Blattbeurteilung:	langes, drahtiges, leicht gedrehtes, grünes bis dunkelgrünes Blatt
Geschmacksbeurteilung:	fruchtig-mild, feinblumig, Aprikosen-/Mangoduft
Qualitätsbeurteilung:	sehr feiner Tee, der immer gelingt
Zubereitung:	1 leicht gehäufter Teelöffel pro Tasse, möglichst kein kochendes Wasser
Ziehzeit:	3–4 Minuten, wird nicht bitter
Tassenfarbe:	grün bis grün-gelb
Haltbarkeit:	mindestens 3 Jahre

Die feinste Qualität wird im Frühling hergestellt. Dafür werden nur die ersten Blattriebe geerntet, einfachere Sorten hingegen enthalten auch das 2. oder gar das 3. Blatt. Die Sommerpflückung ist zwar etwas gehaltvoller, aber meist nicht so fein im Geschmack. Man erkennt sie an dem dunkleren, fast schwarzen Blatt. Dieser Tee ist die richtige Sorte für Einsteiger in den grünen Tee, da er fast immer gelingt, unabhängig vom Wasser und der Zubereitung (Selfdrinker).

Pi Lu Chun (China)

Herkunft: China

Herstellungs-/Erntezeitpunkt: April

Blattbeurteilung: zarte, feine, kleine, leicht gekräuselte Blätter, jadegrün, mit zartem Flaum und silbrigen »Tips«

Geschmacksbeurteilung: süßlich, mild und weich

Qualitätsbeurteilung: hervorragende Qualität in zwei Sortierungen: erste Pflückung mit zarterem Blatt, spätere hat etwas gröberes Blatt mit geringerem Anteil silbriger »Tips«

Zubereitung: 1 gestrichener Teelöffel pro Tasse, kein kochendes Wasser

Ziehzeit: ca. 5 Minuten, wird nicht bitter

Tassenfarbe: gelb-grün, klar

Haltbarkeit: bei luftdichter Lagerung unbegrenzt, allerdings kann der wundervolle Duft bei längerer Lagerung schwächer werden

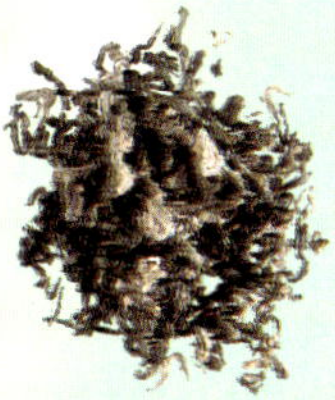

Pi Lu Chun, in China auch als Bi Luo Chun bekannt, ist eine alte und traditionelle Teesorte. Er gehört zu den 10 bekanntesten Sorten Chinas. Die Tee-Blätter werden nach dem ersten Frühlingsaustrieb geerntet und in großen Töpfen unter ständigem Rühren bei starker Hitze blanchiert.

Qi Shan Mao Jian

Herkunft:	China (Qi Shan-Gebiet)
Herstellungs-/ Erntezeitpunkt:	März/April
Blattbeurteilung:	kleines, offenes, jadegrünes Einzelblatt, etwas Einwurf (Holz)
Geschmacks-beurteilung:	angenehm mild, erfrischend und süßlich
Qualitäts-beurteilung:	guter Tee für den täglichen Konsum, sein süßlich-fruchtiger Geschmack bleibt nachhaltig auf der Zunge
Zubereitung:	1 gut gehäufter Teelöffel pro Tasse, kein kochendes Wasser
Ziehzeit:	3–5 Minuten, wird nicht bitter
Tassenfarbe:	zartgrün, etwas gelblich
Haltbarkeit:	2–3 Jahre

Schon in der Ming-Dynastie erntete man zarte, weiche Blätter des ersten Frühlingsaustriebes für diesen Tee. Die Teebüsche für diese Spezialität wachsen im Gebirge, umringt von Dschungelwäldern, in Höhen ab 800 m. Die Redensart »Wenn der Regen die Qi Shan-Berge erreicht, ist der einzige Hinweis auf den Frühling der frische Mao Jian Tee« erklärt, warum dieser Tee seit Jahrhunderten einen festen Platz in der Rangliste der chinesischen Tees hat.

SENCHA FIRST FLUSH (JAPAN)

Herkunft: Japan

Herstellungs-/Erntezeitpunkt: Ende April/Anfang Mai

Blattbeurteilung: dunkelgrünes Blatt, vermischt mit »Broken«-Anteilen

Geschmacksbeurteilung: frisch-fruchtig, mild

Qualitätsbeurteilung: ausgesprochen feine Qualität mit hervorragendem Geschmack

Zubereitung: maximal 1 gestrichener Teelöffel, 60–70° warmes Wasser

Ziehzeit: ca. 3 Minuten, Blätter können im Getränk bleiben, da sie fast nie bittern

Tassenfarbe: hellgrün

Haltbarkeit: in Alufolie bei 4–7° im Kühlschrank unbegrenzt, bei zu warmer Lagerung verfliegt das Aroma sehr schnell

➤ *Der First Flush Sencha ist eine Rarität, von der es jährlich nur sehr geringe Mengen gibt. Sein leichter, blumig-fruchtiger Duft und Geschmack machen das Teetrinken zu einem Erlebnis. Sollte der Tee einmal etwas nach Algen oder Spinat schmecken, wurde er zu hoch dosiert – einfach Wasser hinzugeben, bis dieser Geschmack vergeht.*

SENCHA (CHINA)

Herkunft:	China
Herstellungs-/ Erntezeitpunkt:	April–Ende Juli
Blattbeurteilung:	langes, schlankes, gepreßtes, grünes Blatt, welches sich breitflächig im Wasser entfaltet
Geschmacks-beurteilung:	zart-blumig bis herb
Qualitäts-beurteilung:	teilweise hervorragender, teilweise aber auch sehr einfacher Tee, der dann als aromatisierter Basistee verwendet wird
Zubereitung:	1 gestrichener Teelöffel pro Tasse
Ziehzeit:	3–4 Minuten
Tassenfarbe:	gelblich-grün bis neongrün
Haltbarkeit:	mindestens 2 Jahre, je frischer, desto aromatischer

Sencha Tees gibt es in den verschiedensten Variationen. Gute Qualitäten aus der April-/Maiproduktion erkennt man an dem gleichmäßig schlanken, dunkelgrünen Blatt sowie an einer fast neonfarbenen Grünfärbung des Aufgusses. Blätter des Sommersenchas (Juni und Juli) sind heller und gelblicher, gröber und breiter und enthalten meist auch etwas Einwurf (»Stalks«).

SENCHA (JAPAN)

Herkunft: Japan

Herstellungs-/Erntezeitpunkt: Mitte Mai–Mitte Juli

Blattbeurteilung: großes, langes, breites, hell- bis dunkelgrünes Blatt

Geschmacksbeurteilung: mild-herb bis fruchtig-fein

Qualitätsbeurteilung: Die Qualität des Sencha Tees hängt von der Erntezeit ab. Man erkennt sie an der Färbung des grünen Blatts (siehe unten).

Zubereitung: maximal 1 gestrichener Teelöffel pro Tasse, 70–80° heißes Wasser

Ziehzeit: 3–4 Minuten

Tassenfarbe: hellgrün bis gelblich-grün

Haltbarkeit: 2–3 Jahre

Beim Einkauf des Sencha Tees sollte unbedingt auf das Aussehen des Blattes geachtet werden. Je zarter und dunkler das Blatt, desto jünger ist der Tee und desto besser meist die Qualität. Späte Sencha Tees aus der Juli-Ernte zeigen ein gröberes, breiteres, grün-gelbes Blatt und enthalten etwas Einwurf (»Stalks«). Sencha Tees der Juli-Ernte werden preiswerter gehandelt und daher auch häufig für aromatisierte Grundmischungen verwendet.

Soui Bu (bio)

Herkunft:	Nord-Vietnam
Herstellungs-/ Erntezeitpunkt:	Ende Mai–Anfang August
Blattbeurteilung:	grobes, unregelmäßig gedrehtes, langes, dunkelgrünes Blatt mit einigen »Tips« sowie etwas Einwurf (»Stalks«)
Geschmacks-beurteilung:	mild, fruchtig, frisch, würzig
Qualitäts-beurteilung:	gilt als das feinste Teeprodukt Vietnams; Selfdrinker
Zubereitung:	1 leicht gehäufter Teelöffel pro Tasse, kein kochendes Wasser
Ziehzeit:	ca. 3 Minuten, auch länger möglich
Tassenfarbe:	gelb-grün
Haltbarkeit:	mindestens 2 Jahre, erntefrisch allerdings ein besonderer Hochgenuß

Für den Soui Bu Tee werden wildwachsende Blätter gesammelt. Die z. T. über 3 m hohen, recht alten Teebäume werden regelmäßig in der Krone von Hand abgeerntet, die Blätter anschließend sonnengetrocknet, per Hand gewalkt und nochmals über Holzkohle leicht geröstet. Danach werden sie handverlesen. Eine Rarität, von der es jährlich nur sehr begrenzte Mengen gibt.

TAI PING HOU KUI

Herkunft:	China
Herstellungs-/ Erntezeitpunkt:	April/Mai
Blattbeurteilung:	langes, offenes, jadegrünes Blatt
Geschmacks-beurteilung:	frisch, fruchtig und mild
Qualitäts-beurteilung:	sehr schön gearbeiteter Tee, mit einigen »Stalks«, öffnet sich hervorragend in der Tasse
Zubereitung:	1 gehäufter Teelöffel pro Tasse
Ziehzeit:	5 Minuten und länger, wird nicht bitter
Tassenfarbe:	frühlingsgrün
Haltbarkeit:	3–4 Jahre

Taiping liegt in Anhui, in einem von der UN zum Naturschutzgebiet erklärten Gelände. Die Teebüsche wachsen in einem völlig unwegsamen Gebiet, wo Menschen kaum hingelangen. Man sagt, daß die Einheimischen Affen abgerichtet hätten, um die Blätter zu sammeln – vielleicht daher auch der vollständige Name: Hou heißt »Affe« und Kui bedeutet »der Erste« (auch im Sinn von der Beste) – der erste Tee, der von Affen im Gebiet Taiping geerntet wird.

TEMPLE OF HEAVEN GUNPOWDER

Herkunft:	China
Herstellungs-/ Erntezeitpunkt:	Mai–Mitte August
Blattbeurteilung:	jadegrün/dunkelgrün
Geschmacks-beurteilung:	herb
Qualitäts-beurteilung:	recht einfacher Tee
Zubereitung:	maximal 1 gestrichener Teelöffel pro Tasse
Ziehzeit:	ca. 3 Minuten
Tassenfarbe:	grün
Haltbarkeit:	3 Jahre

Temple of Heaven ist die bekannteste Handelsmarke chinesischer Tees. Die abgepackten Tees werden in 125, 250, 500 und 1000 g-Kartons meist sehr preisgünstig angeboten. Da der Tee recht herb ist, empfiehlt es sich, den ersten Aufguß mit den Bitterstoffen fortzugießen und erst den zweiten zu trinken.

Ti Kui

Herkunft:	China (südliches Anhui)
Herstellungs-/ Erntezeitpunkt:	April/Mai
Blattbeurteilung:	lange, zarte, leicht gedrehte, oliv- bis jadegrüne Blätter mit einigen silbrigen »Tips«
Geschmacks-beurteilung:	ausgereift mild-fruchtig, fein und zart
Qualitäts-beurteilung:	hervorragender Spitzentee der Frühlingsernte, für jedes Wasser geeignet (Selfdrinker)
Zubereitung:	1 gut gehäufter Teelöffel pro Tasse
Ziehzeit:	3–5 Minuten, wird nicht bitter
Tassenfarbe:	klares, sauberes, frisches Grün
Haltbarkeit:	unbegrenzt

Der Tee ist eine berühmte, seit langem bekannte Sorte. Bis zur Quing-Dynastie kann man diese Teesorte zurückverfolgen. Ti bedeutet »sieben« oder »aussortieren«, Kui heißt »das Beste« – also die feinste oder beste Sortierung und Auswahl der Teeblätter dieses Gebietes. Sein unaufdringliches, zartes und lang anhaltendes Aroma sowie die klare Tassenfarbe ließen diesen Tee über Jahrhunderte zu seiner Berühmtheit gelangen.

Xiang Bo Lu

Herkunft:	China
Herstellungs-/ Erntezeitpunkt:	April
Blattbeurteilung:	jadegrün, leicht gekräuselt, mittelgroß, schlank mit vielen silbrigen »Tips«
Geschmacks-beurteilung:	frisch, belebend, mild, Pfirsichduft
Qualitäts-beurteilung:	hervorragende Frühlingsqualität ausgesuchter Teeblätter, für jedes Wasser geeignet
Zubereitung:	1 gehäufter Teelöffel pro Tasse
Ziehzeit:	3–4 Minuten, wird kaum bitter
Tassenfarbe:	hellgrün-gelblich, klare Tassenfarbe
Haltbarkeit:	3–5 Jahre

Ein sehr bekannter und unter Kennern beliebter Tee, welcher seit etwa 1961 hergestellt wird. Der Tee besteht aus 2 gerade aufgegangenen, zarten Blättern sowie 1 Blattknospe. Viele grausilbrige Flaumhärchen umschließen diese »Tips«. Eine Besonderheit, deren zarter Duft schon von dem trockenen Blatt ausstrahlt.

YIN LONG

Herkunft:	China
Herstellungs-/ Erntezeitpunkt:	April
Blattbeurteilung:	kleines, kugeliges, mit silbrigem Flaum umhülltes, jadegrünes Blatt, welches sich im Wasser voll entfaltet
Geschmacks-beurteilung:	sehr angenehmer, zarter, mild-fruchtiger Duft und Geschmack
Qualitäts-beurteilung:	hervorragende Spezialität, von der es jährlich nur relativ geringe Mengen gibt
Zubereitung:	ca. 1 gehäufter Teelöffel pro Tasse, kein kochendes Wasser
Ziehzeit:	mindestens 5 Minuten, Blätter können im Getränk bleiben
Tassenfarbe:	grün bräunlich bis leicht orange
Haltbarkeit:	unbegrenzt

Für diese Rarität werden handverlesene junge Austriebe besonderer Teebüsche verarbeitet. Die Blätter werden in eisernen offenen Pfannen getrocknet, eigentlich mehr sanft geröstet. Sorgfältigste Behandlung sowie fachkundiges Wissen garantieren, daß die zarten weißen Flaumhärchen bei der Herstellung dieses Tees erhalten bleiben und das milde Aroma lange anhält.

YIN ZHEN

Herkunft:	China
Herstellungs-/ Erntezeitpunkt:	April/Mai
Blattbeurteilung:	silbergrüne, große, mit zartem Flaum besetzte Blattspitzen
Geschmacks-beurteilung:	recht mild, frisch und leicht fruchtig
Qualitäts-beurteilung:	Ausgesuchte, noch nicht entfaltete Blätter und Knospen geben dieser Rarität das wunderbare Aussehen und die hervorragende Qualität.
Zubereitung:	1 gehäufter Teelöffel pro Tasse, kein kochendes Wasser
Ziehzeit:	mindestens 3 Minuten, auch länger möglich, wird nicht bitter
Tassenfarbe:	hell, zartgrün
Haltbarkeit:	unbegrenzt

➤ *Yin heißt »silbern«, Zhen »Nadeln«, also »silbrige Nadeln«, womit das Aussehen des Blattgutes beschrieben ist. In China sagt man, daß der Genuß dieses Tees die innere Hitze oder sogar Fieber lindern kann. Auch in manche Schwarzteemischungen gibt man gern einige der silbrigen »Tips«, um die Mischung eleganter zu machen.*

Ying Gu

Herkunft:	China
Herstellungs-/ Erntezeitpunkt:	April/Mai
Blattbeurteilung:	kleines, zartes, blankes, haken-förmiges, graugrünes Blatt
Geschmacks-beurteilung:	frisch-fruchtig, pflaumenartig
Qualitäts-beurteilung:	sehr feiner, hochwertiger Tee, für jedes Wasser geeignet
Zubereitung:	1 leicht gehäufter Teelöffel pro Tasse, kein kochendes Wasser
Ziehzeit:	3–4 Minuten, wird nicht bitter
Tassenfarbe:	hellgrün
Haltbarkeit:	mindestens 3 Jahre

➤ *Die Blätter dieses Tees werden in den hohen Lagen des Gebirges im südlichen Anhui geerntet, wo die Wachstumsbedingungen ideal sind. Nach dem Pflücken werden die Blätter sofort sortiert, in eisernen Pfannen stark erhitzt und dabei regelmäßig bewegt. Wenn die Blattsäfte austreten, wird der Vorgang unterbrochen, die Blätter erhalten die gewünschte Form und werden anschließend über Holzkohle getrocknet, damit sie ihr volles Aroma entfalten.*

Yong Xi Huo Quing

Herkunft:	China
Herstellungs-/ Erntezeitpunkt:	März/April
Blattbeurteilung:	kleine, leicht gepreßte, etwas offene, dunkelgrüne Kügelchen
Geschmacks-beurteilung:	leichtes, zartes Aroma mit feinem Orchideenduft, süßlich
Qualitäts-beurteilung:	ausgesucht feiner Tee mit betörendem Aroma, gelingt fast immer (Selfdrinker) auch bei hartem Wasser
Zubereitung:	1 gestrichener Teelöffel pro Tasse, 70–80° heißes Wasser
Ziehzeit:	3–4 Minuten
Tassenfarbe:	hellgrün
Haltbarkeit:	3–4 Jahre

Der Tee heißt nach dem Gebiet Yong Xi im östlichen Teil Anhuis, wo er gedeiht. In dem unzugänglichen Gebiet mit seinen vielen Gebirgsflüssen, großen Urwäldern und riesigen wilden Bambuswäldern wachsen die Pflanzen in ständigem feuchtem Dunst. Nur die Blattspitzen werden geerntet und in einem aufwendigen Verfahren von Hand hergestellt. Eine Rarität, die in China lange Zeit dem Kaiserhaus vorbehalten war.

Yu Lian Tea

Herkunft:	China (südliches Anhui)
Herstellungs-/ Erntezeitpunkt:	April/Mai
Blattbeurteilung:	Zarte, olivgrüne Blätter werden mit einer Pflaumen- und einer Chrysanthemenblüte zusammengebunden.
Geschmacksbeurteilung:	mild, fruchtig-herb, dabei süß
Qualitätsbeurteilung:	eine fernöstliche Spielerei, die nicht nur ein geschmackliches, sondern auch ein optisches Erlebnis ist
Zubereitung:	1 Bündel möglichst in ein Glas geben, ca. 70° warmes Wasser hinzufügen. Nach Belieben Kandis dazugeben.
Ziehzeit:	spielt keine Rolle
Tassenfarbe:	gelb-grün
Haltbarkeit:	unbegrenzt

Wenn heißes Wasser auf die Blätter gegeben wird, entfalten diese sich bedächtig wie eine aufblühende Lotusblüte. Dabei enthüllen sie die im Inneren eingebetteten Blüten. Eine Rarität, ein Kunstwerk, ein Geschmackserlebnis. Eine Portion reicht für eine Kanne mit 6–8 Tassen. Im Glas zubereitet, kann man den Tee mehrmals am Tag aufgießen.

Yue Xi Cui Lan

Herkunft:	China
Herstellungs-/ Erntezeitpunkt:	April/Mai
Blattbeurteilung:	smaragdgrüne, lange, spitz zulaufende Blätter, umringt von zartem Flaum
Geschmacks-beurteilung:	leicht, mit Orchideen- und schwachem Pfirsichduft
Qualitäts-beurteilung:	sehr feiner Tee, dessen Geschmack noch lange auf der Zunge bleibt
Zubereitung:	1 gehäufter Teelöffel pro Tasse, kein kochendes Wasser
Ziehzeit:	3–5 Minuten, wird nicht bitter
Tassenfarbe:	smaragdgrün
Haltbarkeit:	3–5 Jahre

In einer Höhe von mindestens 1000 m wächst diese schon seit mehr als 300 Jahren bekannte Teesorte. Die Teebüsche sind ständig in Nebel eingehüllt. Das Anbaugebiet ist umgeben von Urwald mit verschiedenartigsten Bäumen und Blumen. Kenner schätzen diesen Tee wegen seines lang anhaltenden, im Gaumen und auf der Zunge haftenden feinen Aromas.

Yunnan Green Tea

Herkunft:	China (Süd)
Herstellungs-/ Erntezeitpunkt:	April/Mai, Ende Mai/Juni, Ende Juli/August
Blattbeurteilung:	fleischiges, langes, jadegrünes Blatt
Geschmacks-beurteilung:	kräftig, fruchtig, intensiv
Qualitäts-beurteilung:	ein hochwertiger Tee; besonders bei den Teetrinkern beliebt, die einen etwas gehaltvolleren Geschmack bevorzugen
Zubereitung:	1 gestrichener Teelöffel pro Tasse, kein kochendes Wasser
Ziehzeit:	3–4 Minuten, gute Yunnan Tees werden kaum bitter
Tassenfarbe:	kräftig grün
Haltbarkeit:	3–4 Jahre

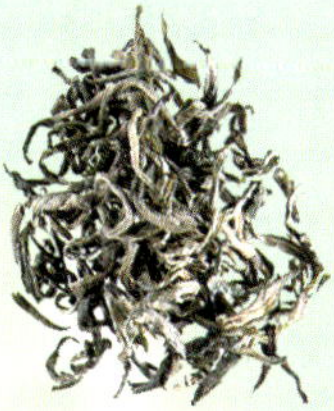

Grüne Yunnan Tees sind bei uns noch nicht so bekannt, erfreuen sich aber ständig wachsender Beliebtheit, da sie ein recht intensives Aroma besitzen und sich in jedem Wasser gut zeigen (Selfdrinker). Sie kommen nicht selten aus Anbauhöhen von ca. 2000 m. Das dort herrschende Klima mit regelmäßigen Regenfällen läßt die Teeblätter gut gedeihen. Yunnan Tees werden leider nur als STD-Tees gehandelt.

Assam Blatt

Herkunft:	Indien (Nordost)
Herstellungs-/ Erntezeitpunkt:	beste Zeit Mitte Mai–Anfang Juli
Blattbeurteilung:	Typisch ist das grobe, lange Blatt mit vielen goldenen »Tips«.
Geschmacksbeurteilung:	vollmundig, würzig, malzig, selten bitter
Qualitätsbeurteilung:	teilweise hervorragende Qualität; für jedes Wasser geeignet (Selfdrinker)
Zubereitung:	1 gehäufter Teelöffel pro Tasse
Ziehzeit:	3–4 Minuten
Tassenfarbe:	rotbraun/goldbraun
Haltbarkeit:	3–4 Jahre

Beim Einkauf guter Assam Tees sollte man auf die goldenen Spitzen, die »Tips«, achten. Diese »Tips« gewinnt man nur bei sehr sorgfältiger Herstellung des Tees.

Assam Broken

Herkunft:	Indien (Nordost)
Herstellungs-/ Erntezeitpunkt:	April–November, beste Zeit Mitte Mai–Anfang Juli
Blattbeurteilung:	schwarzes, kleines Blatt mit goldenen »Tips«
Geschmacksbeurteilung:	recht kräftig, gehaltvoll, würzig
Qualitätsbeurteilung:	teilweise hervorragende Qualitäten
Zubereitung:	1 gestrichener Teelöffel pro Tasse, Milch/Sahne, Kandis/ Zucker
Ziehzeit:	3 Minuten
Tassenfarbe:	goldbraun bis dunkelbraun
Haltbarkeit:	3–4 Jahre

➤ *Bei der Dosierung sollte man zurückhaltend sein, da diese Tees die Tasse stark färben und leicht bitter werden.*

Assam CTC BP1/PF1

Herkunft:	Indien (Nordost)
Herstellungs-/ Erntezeitpunkt:	April–Dezember
Blattbeurteilung:	braunes Korn
Geschmacks-beurteilung:	sehr kräftig, teilweise bitter
Qualitäts-beurteilung:	ergibt gute Teemischungen und Aufgußbeuteltees
Zubereitung:	1/2 Teelöffel pro Tasse, Milch/ Sahne, Zucker/Kandis
Ziehzeit:	1–2 Minuten
Tassenfarbe:	dunkelbraun bis goldbraun
Haltbarkeit:	1–2 Jahre

➤ *Maschinell hergestellte CTC-Tees werden selten als Originaltees angeboten. Sie sind allerdings ideal für Tee- und Kaffeemaschinen sowie bei Verwendung von großen Filtertüten. Auf englische Art zubereiten: kochendes Wasser auf die Blätter geben und Tee nach 1/2–1 Minute in die Tasse gießen, danach nochmals Wasser auf den verbleibenden Rest in der Kanne geben. So wird er ein belebendes und erfrischendes Getränk.*

Black Leaf OP (China)

Herkunft:	China (Anhui und Hunan)
Herstellungs-/ Erntezeitpunkt:	Juli/August
Blattbeurteilung:	schwarzbraunes Blatt mit etwas Einwurf (»Stalks«) und leichtem Unterblatt (»Broken«)
Geschmacks-beurteilung:	einfacher Geschmack, etwas »bakey« (= wie verbrannt)
Qualitäts-beurteilung:	vorrangig sehr einfacher Tee
Zubereitung:	1 leicht gehäufter Teelöffel pro Tasse
Ziehzeit:	3–4 Minuten
Tassenfarbe:	bräunlich/rötlich
Haltbarkeit:	ca. 2 Jahre

Diese Tees werden in fast allen aromatisierten Teemischungen verwendet. Sie sind in großen Mengen verfügbar und stammen aus der Augustproduktion, dem letzten Pflücken der Teeblätter vor der Winterruhe. Geschmack und Geruch kommen von der 2. Trocknung dieser Tees, werden aber durch die Aromaöle überdeckt. Je größer, klarer und einheitlicher die Blattbeschaffenheit ist, desto höher ist der Preis.

Ceylon Dimbula

Herkunft:	Sri Lanka (Ceylon; westliches Hochland)
Herstellungs-/ Erntezeitpunkt:	ganzjährig, beste Erntezeit Januar–März
Blattbeurteilung:	kleines, rotbraunes Blatt mit grünen Blatt-Teilen
Geschmacks-beurteilung:	frisch, belebend, zitrusartig, fruchtig
Qualitäts-beurteilung:	sehr feine, typische Early Morning Teas, lange haltbar
Zubereitung:	1 gestrichener Teelöffel pro Tasse, Zucker, Milch oder Zitrone
Ziehzeit:	ca. 3 Minuten, wird nach 5 Minuten sehr herb und leicht metallisch
Tassenfarbe:	rotgold
Haltbarkeit:	3–4 Jahre

Ein Tee für jedes Wasser (Selfdrinker). Die Tassenfarbe ist rötlich und wenig intensiv. Allerdings läßt der Geschmack die Mundschleimhäute regelrecht zusammenziehen. Ein Tee, bei dem das Preis-/Leistungsverhältnis stimmt.

Ceylon Lowgrown

Herkunft:	Sri Lanka (Ceylon)
Herstellungs-/ Erntezeitpunkt:	ganzjährig
Blattbeurteilung:	schwarzes, unregelmäßiges, längliches Blatt, häufig mit etwas »Broken«-Unterblatt
Geschmacks-beurteilung:	würzig, kräftig
Qualitäts-beurteilung:	guter medium Tee, gut geeignet für den Samowar
Zubereitung:	1 gehäufter Teelöffel pro Tasse, Zucker und Milch
Ziehzeit:	3–4 Minuten
Tassenfarbe:	rotbraun
Haltbarkeit:	3 Jahre

➤ *Basistee vieler aromatisierter Teemischungen. Guter Samowartee – man sollte die Blätter mit kochendem Wasser kurz anquellen lassen und das Wasser sofort wieder abgießen. Danach Kanne mit kochendem Wasser neu auffüllen – Blätter können im Wasser verbleiben und werden nicht bitter.*

Ceylon Nuwara Eliya (Nurelia)

Herkunft:	Sri Lanka (Ceylon)
Herstellungs-/ Erntezeitpunkt:	ganzjährig, beste Zeit Januar bis März und Juli
Blattbeurteilung:	kleines, grün-braunes Korn
Geschmacks-beurteilung:	zitrusartig, frisch, belebend, zieht die Mundschleimhäute zusammen
Qualitäts-beurteilung:	hervorragende Qualitäten während der guten Erntezeit
Zubereitung:	1 gestrichener Teelöffel pro Tasse, Milch/Zucker oder Zitrone
Ziehzeit:	3 1/2 Minuten – nicht länger, wird sonst sehr herb
Tassenfarbe:	rotgold
Haltbarkeit:	3–4 Jahre

In diesem Hochland-Gebiet gibt es nur wenige Plantagen. Die Tees sind qualitativ immer sehr gut und zuverlässig. Für nahezu jedes Wasser geeignet.

Ceylon Uva

Herkunft:	Sri Lanka (Ceylon; östliches Hochland)
Herstellungs-/ Erntezeitpunkt:	ganzjährig, beste Zeit Juli bis September
Blattbeurteilung:	dunkelbraunes, kleines Blatt
Geschmacks-beurteilung:	kräftig, blumig, beerenartiger Geschmack
Qualitäts-beurteilung:	sehr gute Qualitäten
Zubereitung:	1 leicht gehäufter Teelöffel pro Tasse, Milch und Zucker
Ziehzeit:	ca. 3 Minuten, wird bei längerer Ziehzeit sehr herb bis bitter
Tassenfarbe:	goldbraun bis rotbraun
Haltbarkeit:	ca. 8 Monate

➤ *Uva Tees sind die »Assam Tees« Ceylons – dunkle Tassenfarbe, kräftig, angenehme Wintertees. Leider baut sich das Aroma recht schnell ab. Uva Tees sollten daher möglichst bis zur neuen Ernte konsumiert werden.*

Darjeeling Autumnals

Herkunft:	Indien (Nord)
Herstellungs-/ Erntezeitpunkt:	Oktober
Blattbeurteilung:	braunschwarzes, etwas rötliches, sehr unregelmäßiges Blatt mit einigen »Tips« und sehr vielen »Stalks«; wie Herbstlaub
Geschmacksbeurteilung:	frisch, kurz nach der Ernte sehr ähnlich wie leichte First Flush Darjeelings, angenehm würzig-mild, blumig
Qualitätsbeurteilung:	einfache bis mittlere Qualität
Zubereitung:	1 gehäufter Teelöffel pro Tasse, Sahne, Zucker, einige Tropfen Zitrone
Ziehzeit:	3–4 Minuten
Tassenfarbe:	rotbraun
Haltbarkeit:	3–6 Monate

Im Herbst gibt es meist eine sehr trockene, sonnenreiche Periode, in der qualitativ einwandfreie Darjeelings hergestellt werden können. Diese haben ein besonderes Aroma, müssen aber sehr schnell getrunken werden, da das Aroma leicht verfliegt. Bedauerlicherweise treffen die ersten Autumnals erst Ende Dezember/ Anfang Januar in Europa ein und gelangen daher selten als frische Tees auf den Markt.

Darjeeling Broken

Herkunft:	Indien (Nord)
Herstellungs-/ Erntezeitpunkt:	April–Oktober
Blattbeurteilung:	kleines, offenes Blatt mit vielen grünen Anteilen bei der frühen Ernte und mehr braunen/ schwarzen Anteilen bei der späten Ernte
Geschmacks-beurteilung:	herb
Qualitäts-beurteilung:	einfache Konsumtees, die mit Milch und Zucker serviert werden sollten
Zubereitung:	1 gestrichener bis leicht gehäufter Teelöffel pro Tasse
Ziehzeit:	maximal 3 Minuten
Tassenfarbe:	braun-grün bis braun
Haltbarkeit:	2 Jahre

Broken Tees entstehen durch Aussiebung aus der regulären Teeproduktion. Wegen der feinen Konsistenz der Blätter laugt das Wasser Broken Tees schneller aus, daher ist ihr Geschmack häufig herb, teilweise auch bitter. Da in Darjeeling höhere Preise für Blatt-Tees erzielt werden, kommen lediglich die kleinen Aussiebungen noch als Broken Tees in den Handel und sind meist preisgünstig.

Darjeeling Fannings

Herkunft:	Indien (Nord)
Herstellungs-/ Erntezeitpunkt:	April–Oktober
Blattbeurteilung:	kleines, feines, fast staubiges Blatt, ja nach Jahreszeit leicht grünlich-schwarz (First Flush), bräunlich (Second Flush) oder schwarz-bräunlich (Post Second Flush)
Geschmacks-beurteilung:	recht herb, selten blumig
Qualitäts-beurteilung:	einwandfreie Aufgußbeuteltees
Zubereitung:	1 Aufgußbeutel pro Tasse
Ziehzeit:	2–maximal 3 Minuten
Tassenfarbe:	grün-gelb bis rotbraun
Haltbarkeit:	ca. 2 Jahre

Fannings werden vorrangig für Aufgußbeutel verwendet. Das Blatt ist sehr klein, so daß sich die Gerbstoffe schnell lösen. Daher sollten Aufgußbeuteltees nicht lange ziehen. Da Darjeeling Tees selten eine intensive, dunkle Tassenfarbe besitzen, werden im Handel gern Darjeeling-Mischungen als Aufgußbeutel angeboten. Der weiche, milde Charakter stammt dann vom Darjeeling, Tassenfarbe und Kraft von einem Assam oder einem Ceylon.

DARJEELING FIRST FLUSH

Herkunft:	Indien (Nord)
Herstellungs-/ Erntezeitpunkt:	Mitte/Ende März–Anfang April
Blattbeurteilung:	grün-gräuliches bis -schwarzes Blatt, leicht gedreht, etwas offen, wenig silbrige »Tips«, etwas Einwurf (»Stalks«)
Geschmacks-beurteilung:	sehr frisch, belebend, spritzig, herb, Maiglöckchenaroma
Qualitäts-beurteilung:	bei guter Ernte wunderschöne Tees mit einem angenehm mild-herben, frischen Duft
Zubereitung:	1 leicht gehäufter Teelöffel pro Tasse, möglichst ohne Milch/ Sahne
Ziehzeit:	3–4 Minuten
Tassenfarbe:	hellgrün-gelblich
Haltbarkeit:	8–12 Monate, erntefrisch konsumiert ein Hochgenuß

➤ *Die ersten Frühlingsblätter werden zu dem First Flush Darjeeling verarbeitet. Nur die ersten 6–8 Partien dürften eigentlich als sortentypisch bezeichnet werden. Allerdings werden heute auch die bis Mitte Mai geernteten Tees als First Flush bezeichnet. Achten Sie deshalb beim Einkauf von First Flush Plantagentees auf die Invoice-Nummer und die Jahreszahl (z. B. Dj 3/99).*

Darjeeling Inbetween

Herkunft:	Indien (Nord)
Herstellungs-/ Erntezeitpunkt:	Mai
Blattbeurteilung:	grobes, schwarz-grünes, unregelmäßiges Blatt
Geschmacks-beurteilung:	herbwürzig, frisch, blumig
Qualitäts-beurteilung:	einfachere Qualität, angenehmer Tee zum ständigen »Nebenbeitrinken«
Zubereitung:	1 gehäufter Teelöffel pro Tasse
Ziehzeit:	ca. 4 Minuten
Tassenfarbe:	grün/gelb-braun
Haltbarkeit:	ca. 6 Monate

Zwischen der First Flush- und der Second Flush-Ernte wachsen Blätter nach, deren Aussehen und Qualität an beide Ernten nicht heranreichen. Man erkennt diese Tees meist erst nach dem Aufguß bei Betrachtung der aufgequollenen Infusion an den dunkelgrünen Blatt-Teilen. Inbetween Tees ähneln ein wenig den First Flush Tees und werden daher häufig als solche angeboten. Im Handel gibt es sie dann v.a. als Aktions-Kampagnen oder Sonderangebots-Darjeelings.

Darjeeling Post Second Flush

Herkunft:	Indien (Nord)
Herstellungs-/ Erntezeitpunkt:	ab Mitte Juli (Regentees)
Blattbeurteilung:	schwarzes Blatt, leicht und etwas offen, teils goldene »Tips«, teils braune Blatt-Teile
Geschmacks-beurteilung:	mildwürziger, einfacher Tee
Qualitäts-beurteilung:	Tees vom Juli/Anfang August sind gute medium Tees.
Zubereitung:	1 leicht gehäufter Teelöffel pro Tasse, gern etwas Sahne/Milch und Zucker/Kandis
Ziehzeit:	3 1/2 Minuten
Tassenfarbe:	goldbraun bis dunkelbraun
Haltbarkeit:	erste Produktion mehrere Jahre, spätere 1 1/2 –2 Jahre

Die ersten Tees sind optisch ansprechend, ihre schwarzen Blätter kontrastieren auffällig mit den goldgelben »Tips«. Diese preiswerteren Post Second Flush (oder einfach Darjeeling Tees) sind angenehm zu trinken. Regentees aus der 2. Augusthälfte sind bräunlich, unregelmäßig, offen und leicht im Blatt, teilweise etwas nichtssagend im Geschmack und werden vorwiegend als Mischtees eingesetzt.

Darjeeling Second Flush

Herkunft:	Indien (Nord)
Herstellungs-/ Erntezeitpunkt:	Mitte Mai–Ende Juni/Anfang Juli (Sommertees)
Blattbeurteilung:	braunes Blatt mit silbrigen/goldenen »Tips«, leicht offen
Geschmacks-beurteilung:	süßlich, blumig, mild, sehr fein
Qualitäts-beurteilung:	feinste Tees der Saison – richtig hergestellt ein Hochgenuß
Zubereitung:	1 leicht gehäufter Teelöffel pro Tasse, gern ein Tropfen Milch/ Sahne oder etwas Zucker/Kandis, braucht weiches Wasser
Ziehzeit:	3–4 Minuten, danach können die Tees bitter werden
Tassenfarbe:	goldbraun
Haltbarkeit:	bei richtiger Lagerung bis zu 6 Jahren

Bei Kennern gelten die Second Flush Darjeelings als das Nonplusultra. Feine Süße und ein angenehm blumiger, weicher Charakter zeichnen sie aus. Es sind ausgereifte Nachmittagstees. Gute und teure Second Flush Darjeelings sollte man nur mit Plantagennamen und Invoicenummer kaufen. Man kann bedenkenlos auch Tees älterer Ernten, also Jahrgangtees, kaufen.

ENGLISH BREAKFAST TEA

Herkunft:	Teemischung
Herstellungs-/ Erntezeitpunkt:	unbestimmt
Blattbeurteilung:	grobes, braunes »Broken«-Blatt
Geschmacks-beurteilung:	kräftig, frisch, zitrusartig, belebend
Qualitäts-beurteilung:	leider sehr oft ein »tea for price« mit relativ wenig, allerdings herbem Geschmack
Zubereitung:	1 gestrichener Teelöffel pro Tasse, Milch und Zucker, nach Belieben auch Zitrone
Ziehzeit:	2–3 Minuten
Tassenfarbe:	dunkelbraun
Haltbarkeit:	1–2 Jahre

Die typische englische »breakfast blend« besteht aus zwei Drittel fruchtigem Ceylon (für den Geschmack) und einem Drittel kräftigem Assam (für die Tassenfarbe). Der Tee sollte als Early Morning Tea frisch und belebend sein und die Mundschleimhäute zusammenziehen. Preiswerte Supermarktpakete erfüllen diese Kriterien leider oft nicht.

Java (Broken und Blatt)

Herkunft: Indonesien

Herstellungs-/ Erntezeitpunkt: ganzjährig, beste Zeit Juli bis Anfang September

Blattbeurteilung: Broken: braunes, kleines Blatt
Blatt: großes, schlankes, drahtiges Blatt, braun-schwarz bis schwarz
OPsup: zarteres Blatt, mittelgroß, teilweise durchsetzt mit vielen goldenen »Tips«

Geschmacks-beurteilung: würzig, leicht malzig

Qualitäts-beurteilung: sehr schöne Alltagstees mit gehaltvollem Geschmack

Zubereitung: 1 gehäufter Teelöffel pro Tasse

Ziehzeit: 4 Minuten

Tassenfarbe: gelb-braun

Haltbarkeit: 3–4 Jahre

Leider gibt es auf Java nur sehr wenige Plantagen, die wirklich ansprechende Tees herstellen. Gute Qualitäten sind der Massenproduktion zum Opfer gefallen. Blatt-Tees werden nur noch von wenigen Plantagen produziert. Hervorragend sind dann speziell die OP superior Tees, die mit den goldenen »Tips« sehr ansprechend aussehen und in der Tasse einen angenehm würzigen, feinen Geschmack zeigen.

Keemun Hao Ya A und B

Herkunft:	China (Keemungebiet)
Herstellungs-/ Erntezeitpunkt:	Mai/Juni
Blattbeurteilung:	zartes, kleines, leicht gedrehtes, braun-schwarzes Blatt mit einigen goldenen »Tips«
Geschmacks-beurteilung:	angenehm mild, blumig, frisch und leicht nussig; Honigduft
Qualitäts-beurteilung:	hochwertigstes Produkt aus dem Gebiet, sehr feiner, nicht bitternder Tee; Selfdrinker
Zubereitung:	1 gestrichener/leicht gehäufter Teelöffel pro Tasse
Ziehzeit:	3–4 Minuten
Tassenfarbe:	goldbraun/rötlich
Haltbarkeit:	bei richtiger Lagerung unbegrenzt

Ein milder, weicher, süßlicher Tee, der mit größter Sorgfalt von Experten in geringen Mengen von Hand hergestellt wird. Die internationale Nachfrage nach dieser Besonderheit ist so groß, daß nur ausgesuchte Teegeschäfte bedient werden können. Der Keemun Hao Ya A oder B ist immer ein besonderer Höhepunkt.

Keemun Mao Feng

Herkunft:	China
Herstellungs-/ Erntezeitpunkt:	Mai/Juni
Blattbeurteilung:	großes, schwarzes, unregelmäßiges, drahtiges Blatt mit einigen »Tips«
Geschmacksbeurteilung:	weicher, milder Tee mit einem Anflug von Honig- und Orchideenaroma
Qualitätsbeurteilung:	hochwertiger Tee, von dem es jährlich nur eine begrenzte Menge gibt; Selfdrinker
Zubereitung:	1 leicht gehäufter Teelöffel pro Tasse
Ziehzeit:	3–4 Minuten, wird nicht bitter
Tassenfarbe:	grün-braun
Haltbarkeit:	3 Jahre

➤ *Eine Besonderheit der chinesischen Teekultur. Der magenfreundliche schwarze Tee kann auch spät am Abend getrunken werden, da er koffeinarm ist. Vollmundig und süßlich, zeitweilig allerdings auch mit einem Touch Rauch behaftet, bedingt durch die manuelle Herstellung.*

Keemun Pine Needle

Herkunft:	China
Herstellungs-/ Erntezeitpunkt:	Juli
Blattbeurteilung:	lange, lackschwarze, schlanke Blätter
Geschmacksbeurteilung:	mild mit fruchtigem, honigartigem Geschmack, häufig auch ein wenig rauchig
Qualitätsbeurteilung:	sehr feiner, milder und magenfreundlicher Tee; Selfdrinker
Zubereitung:	1 gestrichener Teelöffel pro Tasse reicht meist, möglichst ohne Sahne/Milch, gern etwas Zucker/Kandis
Ziehzeit:	3 bis maximal 4 Minuten, wird nicht bitter
Tassenfarbe:	goldbraun
Haltbarkeit:	unbegrenzt

➤ *Keemun Tees sind recht magenfreundlich, da sie relativ wenig Gerbstoffe und Koffein enthalten. Deshalb können sie auch gut abends getrunken werden. Der Rauchgeschmack entsteht durch die Trocknung in alten Öfen oder über dem offenen Feuer. Vorsichtig dosieren, da die feinen Geschmacksstoffe in einem leichten Aufguß häufig besser zur Geltung kommen.*

Keemun Special Leaf

Herkunft:	China
Herstellungs-/ Erntezeitpunkt:	Mai/Juni
Blattbeurteilung:	langes, drahtiges, schwarzes, leicht gedrehtes Blatt
Geschmacks-beurteilung:	mild-weich, nussig, blumig
Qualitäts-beurteilung:	sehr feiner Tee, welcher nach der Trocknung nicht weiter bearbeitet wird; Qualitätstee; Selfdrinker
Zubereitung:	1 gehäufter Teelöffel pro Tasse
Ziehzeit:	3–4 Minuten, wird nicht bitter
Tassenfarbe:	rötlich, goldbraun
Haltbarkeit:	3 Jahre

Die Mehrzahl der Keemun Tees wird nach der Produktion nochmals geschnitten, um das Blatt zu egalisieren. Fast alle Schwarztees aus Anhui werden vor der Verschiffung ein zweites Mal getrocknet, weshalb sie häufig einen leicht verbrannten bis rauchigen Geschmack haben. Der Keemun Special Leaf wurde erstmals seit etwa 25 Jahren nun wieder unbehandelt in seiner ursprünglichen Form und Beschaffenheit ausgeliefert.

Konsum Tee

Herkunft:	China und Sumatra
Herstellungs-/ Erntezeitpunkt:	unterschiedlich
Blattbeurteilung:	kleines, schwarzes Blatt
Geschmacksbeurteilung:	neutral, kräftig, leicht bitter
Qualitätsbeurteilung:	einfache Teemischung
Zubereitung:	1 gestrichener Teelöffel pro Tasse
Ziehzeit:	nicht länger als 3 Minuten
Tassenfarbe:	dunkelbraun
Haltbarkeit:	1–2 Jahre

➤ *Ein preiswerter Tee für den täglichen Gebrauch.*

Lychee Tee

Herkunft:	China
Herstellungs-/ Erntezeitpunkt:	Juli/August
Blattbeurteilung:	feines, gleichmäßiges, schwarzes Blatt mit Lycheeduft
Geschmacks- beurteilung:	frisches Lycheearoma verbindet sich gut mit dem leichten Tee
Qualitäts- beurteilung:	einfacher bis feiner Grundtee, der mit Lycheeduft aromatisiert wurde
Zubereitung:	1 leicht gehäufter Teelöffel pro Tasse
Ziehzeit:	ca. 3 Minuten
Tassenfarbe:	goldbraun, rötlich
Haltbarkeit:	ca. 2 Jahre, muß allerdings gut verschlossen gelagert werden

➤ *Lychee- und →Rosentee sind zwei traditionelle chinesische Sorten und vielleicht nach dem grünen →Jasmine Tee die ältesten bekannten aromatisierten Tees.*

NEPAL TEE

Herkunft:	Nepal
Herstellungs-/ Erntezeitpunkt:	April–September
Blattbeurteilung:	teilweise zartes, teilweise sehr grobes Blatt
Geschmacks-beurteilung:	weich und mild, selten bitter
Qualitäts-beurteilung:	aufgrund der Höhenlage und der Nachbarschaft zu Darjeeling qualitativ recht ansprechende Tees, allerdings nicht so ausdrucksvoll, ähneln vom Geschmack her häufig chinesischen Tees
Zubereitung:	1 gehäufter Teelöffel pro Tasse
Ziehzeit:	3–4 Minuten
Tassenfarbe:	goldbraun bis rötlich-braun
Haltbarkeit:	2 Jahre

Tees aus Nepal kommen leider nur sporadisch auf den Markt und finden daher nicht die gebührende Beachtung. Die internationalen Verbindungen fehlen, und die Verkehrswege zum Verladehafen Kalkutta sind sehr umständlich. Im Geschmack sind diese Tees den Darjeelings sehr ähnlich, allerdings sind sie weicher und selten süß. Bestimmt eine interessante Abwechslung für regelmäßige Darjeeling Tee-Trinker.

Nilgiri Tee

Herkunft:	Indien (Süd)
Herstellungs-/ Erntezeitpunkt:	ganzjährig, Qualitätstees Januar bis März
Blattbeurteilung:	braunes, teilweise grobes Blatt
Geschmacks-beurteilung:	frisch, fruchtig, zitrusartig
Qualitäts-beurteilung:	Tee der Ernte von Januar bis März recht fein, typisch englisch, Early Morning Tea, danach einfacher Konsumtee
Zubereitung:	1 gehäufter Teelöffel pro Tasse, Milch und Zucker
Ziehzeit:	3 Minuten
Tassenfarbe:	goldbraun
Haltbarkeit:	1–2 Jahre

Selten sind Tees dieses Anbaugebietes als Originaltees im Handel. Die Qualitätsschwankungen in den Blue Mountains sind leider erheblich, maschinelle Produktion wird, wenn möglich, bevorzugt. Gute Qualitäten kann es von den Gärten Chamraj, Thiashola, Dunsandle, Havukal geben. Der Geschmack ist den Ceylon Tees sehr ähnlich.

Ostfriesische Mischung

Herkunft:	Teemischung
Herstellungs-/ Erntezeitpunkt:	unbestimmt
Blattbeurteilung:	schwarzes Blatt mit goldenen »Tips«
Geschmacks-beurteilung:	würzig, malzig, vollmundig
Qualitäts-beurteilung:	gute Qualität, medium Tee
Zubereitung:	1 gestrichener Teelöffel pro Tasse, Sahne/Milch und Kandis/Zucker
Ziehzeit:	ca. 3 Minuten
Tassenfarbe:	rotbraun
Haltbarkeit:	2–3 Jahre

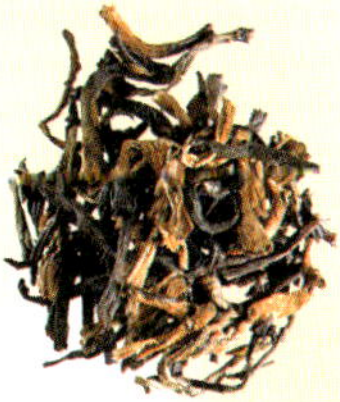

Eine gute Ostfriesische Mischung sollte möglichst aus 80 % Assam Tee und 20 % Sumatra/Java oder Ceylon Tee bestehen. Es sind allerdings auch viele Ostfriesentees im Handel, die aus anderen Sorten gemischt sind. Wichtig sind die dunkle, rotbraune Tassenfarbe und der leicht würzige Geschmack.

Pu Erh Tee

Herkunft:	China (Yunnan)
Herstellungs-/ Erntezeitpunkt:	Juli/August
Blattbeurteilung:	bräunliches, kleines, unregelmäßiges Blatt
Geschmacksbeurteilung:	erdig, häufig muffig, fast schimmelig
Qualitätsbeurteilung:	einfach bis fein, je nach Blattqualität und Alter
Zubereitung:	1 gehäufter Teelöffel pro Tasse, kochendes Wasser darauf geben. Leicht umrühren und sofort abgießen. Danach umgehend wieder kochendes Wasser auf die Blätter gießen.
Ziehzeit:	mit dem 2. Aufgießen trinkbar
Tassenfarbe:	rötlich-braun (»roter Tee«)
Haltbarkeit:	luftdicht gelagert unbegrenzt

Pu Erh Tee ist eher ein Gesundheitstee als ein Teegetränk. Die Teeblätter werden bei einer bestimmten Temperatur mehrere Wochen fermentiert. Dadurch entstehen Substanzen, die als Schlankmacher gelten. Im Handel sind auch aromatisierte Pu Erh Tees erhältlich, deren Aroma den etwas unangenehmen Geschmack überdeckt. Pu Erh Tee ist immer ein schwarzer Tee, wird in China auch als roter Tee bezeichnet.

Rosen Tee

Herkunft:	China
Herstellungs-/ Erntezeitpunkt:	Juli/August
Blattbeurteilung:	zartes, schwarzes, gleichmäßiges Blatt mit einigen Rosenblüten
Geschmacks-beurteilung:	zarter Rosenduft, der sich harmonisch mit dem leicht milden und weichen Charakter des Basistees vermischt
Qualitäts-beurteilung:	angenehm feiner Tee
Zubereitung:	1 leicht gehäufter Teelöffel pro Tasse
Ziehzeit:	3–4 Minuten
Tassenfarbe:	goldbraun
Haltbarkeit:	2 Jahre – muß allerdings gut verschlossen gelagert werden

➤ *Eine typisch chinesische Teesorte: In China trinkt man ungern schwarze Tees und wenn, dann bitte mit einem schönen Duft, einem angenehmen Aroma! Dem Tee werden Rosenblüten hinzugegeben, die ihren feinen Duft auf die Teeblätter übertragen. Der schwarze Basistee ist allgemein von guter, allerdings nicht feinster Qualität.*

Russische Mischung

Herkunft:	Teemischung
Herstellungs-/ Erntezeitpunkt:	unterschiedlich
Blattbeurteilung:	schwarzer Blatt-Tee
Geschmacks-beurteilung:	leicht rauchiger Charakter, mild
Qualitäts-beurteilung:	gute mittlere Qualität
Zubereitung:	1 leicht gehäufter Teelöffel pro Tasse, Zucker
Ziehzeit:	3–4 Minuten
Tassenfarbe:	braun
Haltbarkeit:	1–2 Jahre

Die russische Mischung entstand aus dem Karawanentee, der früher auf Kamelen und Eseln von China nach Russland transportiert wurde. Durch den Rauch der abendlichen Lagerfeuer nahm der Tee einen leicht rauchigen Geschmack an. Heute sollte eine russische Mischung aus China-, Darjeeling und Ceylon oder Assam Tee bestehen, der dann etwas → Tarry Lapsang Souchong (Rauchtee) hinzugegeben wird.

Russischer Tee

Herkunft:	Georgien
Herstellungs-/ Erntezeitpunkt:	Mai/Juni
Blattbeurteilung:	gemischte, leichte, hellbraune Blätter mit vielen »Stalks«
Geschmacks-beurteilung:	leicht, neutral
Qualitäts-beurteilung:	sehr einfacher Tee ohne besonderes Geschmackserlebnis
Zubereitung:	1 gut gehäufter Teelöffel pro Tasse
Ziehzeit:	5 Minuten
Tassenfarbe:	hellbraun/gelblich
Haltbarkeit:	1 Jahr

➤ *Russische Tees sind selten im Handel, da ihre Qualität sehr einfach ist. Gelegentlich werden diese Tees in aromatisierten Mischungen verwendet. Allerdings ist die Tassenfarbe recht dünn, so daß der Tee auch optisch nicht gefällig ist.*

Schwarze Mu Dan Teerosen

Herkunft:	China
Herstellungs-/ Erntezeitpunkt:	Juni–August
Blattbeurteilung:	lange, schwarze, zur Rosette zusammengebundene Blätter
Geschmacks-beurteilung:	würzig, kräftig, mit Honigduft
Qualitäts-beurteilung:	für die Kanne oder den Genuß mehrerer Tassen eine interessante Variante
Zubereitung:	1 Rosette pro Kanne oder Glas, kann mehrmals aufgegossen werden
Ziehzeit:	je länger, desto besser, mindestens 5 Minuten, Tee wird nicht bitter
Tassenfarbe:	goldbraun
Haltbarkeit:	unbegrenzt

➤ *Die zusammengebundenen Teeblätter und Teespitzen symbolisieren eine aufblühende Pfingstrose. Es ist interessant zu beobachten, wie sich die Blätter im heißen Wasser langsam öffnen. Deshalb empfiehlt es sich, die Teerosen in einem Glasgefäß zu servieren. Ein mildweicher Trinkgenuß.*

Sumatra Broken

Herkunft:	Indonesien
Herstellungs-/ Erntezeitpunkt:	ganzjährig
Blattbeurteilung:	kleines, schwarzes »Broken«-Blatt mit einigen goldenen »Tips«
Geschmacks-beurteilung:	leicht würzig, kräftig, neutral
Qualitäts-beurteilung:	preiswerter Broken Tee, Grundlage für preisgünstige Ostfriesen-Broken-Mischungen
Zubereitung:	1 gestrichener Teelöffel pro Tasse
Ziehzeit:	3–4 Minuten
Tassenfarbe:	goldbraun
Haltbarkeit:	3–4 Jahre

In Sumatra sind die Teequalitäten nahezu standardisiert. Die Ernte fällt das gesamte Jahr über relativ gleich aus. Lediglich im Mai und Juni gibt es eine kurze Periode, in der leicht verbesserte Qualitäten hergestellt werden können. Die wenigen Plantagen sind sehr groß und verkaufen die Tees in Containerquantitäten von ca. 10 t. Früher kamen aus Sumatra Spitzentees, heute werden hier lediglich Mischtees hergestellt.

Tarry Lapsang Souchong (Rauchtee)

Herkunft:	China
Herstellungs-/ Erntezeitpunkt:	Sommermonate
Blattbeurteilung:	grobes, schwarzes Blatt
Geschmacks-beurteilung:	rauchig, teilweise intensiv und bitter, kräftig
Qualitäts-beurteilung:	einfache bis feine Qualität, je nach Blattbeschaffenheit
Zubereitung:	1 gerade eben bedeckter Teelöffelboden pro Tasse
Ziehzeit:	2–3 Minuten
Tassenfarbe:	braun bis goldbraun
Haltbarkeit:	unbegrenzt

➤ *Der Rauchtee wird gern zum Mischen für typisch russische Mischungen oder auch für den klassischen Earl Grey Tee eingesetzt. 1–2 Blätter Rauchtee einem Darjeeling Tee hinzugegeben, ergeben einen recht interessanten Geschmack. Qualitätsunterschiede erkennt man leicht an der Blattbeschaffenheit: je feiner und gleichmäßiger die Blattstruktur, desto besser ist der Tee. Man sollte nur chinesischen Tarry Lapsang Souchong trinken, da die taiwanesischen selten über Holzkohle geräuchert, sondern mit einer Rauchessenz besprüht werden.*

Türkischer Tee

Herkunft:	Türkei (Kaukasus)
Herstellungs-/ Erntezeitpunkt:	Mai/Juni
Blattbeurteilung:	dunkelbraunes, kleines, offenes Blatt
Geschmacks-beurteilung:	leicht würzig, einfach
Qualitäts-beurteilung:	sehr einfacher Tee
Zubereitung:	1–1 1/2 Teelöffel pro Tasse, Zucker, gut als Samowartee zu verwenden
Ziehzeit:	ca. 5 Minuten
Tassenfarbe:	dunkelbraun
Haltbarkeit:	1–2 Jahre

➤ *In diversen türkischen Teepackungen findet man im Handel bereits einen → Ceylon Lowgrown OPA, der kräftiger und würziger im Geschmack ist. Preiswerter Tee sollte mit Zucker serviert werden.*

Vietnam Black Tea OP

Herkunft:	Vietnam
Herstellungs-/ Erntezeitpunkt:	Mai–August
Blattbeurteilung:	schwarzes, leicht offenes, gleichmäßiges Blatt mit geringem Anteil von »Broken«-Unterblatt
Geschmacks-beurteilung:	einfach, neutral
Qualitäts-beurteilung:	ein guter Mischtee, der vorwiegend für aromatisierte Tees verwendet wird
Zubereitung:	1 leicht gehäufter Teelöffel pro Tasse
Ziehzeit:	maximal 4 Minuten
Tassenfarbe:	bräunlich/rötlich
Haltbarkeit:	ca. 2 Jahre

➤ *Einfacher STD-Tee, der meist in Containerquantitäten gehandelt wird. Hin und wieder auch als Einzelsorte im Handel erhältlich, vorwiegend jedoch als Basistee für aromatisierte Teemischungen bekannt.*

YUNNAN BLACK TEA

Herkunft:	China (Süd)
Herstellungs-/ Erntezeitpunkt:	April–September
Blattbeurteilung:	großes, fleischiges, glattes Blatt, häufig mit goldenen »Tips«
Geschmacks-beurteilung:	mildwürzig, leicht, etwas malzig, fast ein wenig rauchig im Nachgeschmack
Qualitäts-beurteilung:	einfache bis hervorragende Qualität, je nach Blattbeschaffenheit, Selfdrinker
Zubereitung:	1 gestrichener bis leicht gehäufter Teelöffel, Sahne/Milch
Ziehzeit:	3–4 Minuten
Tassenfarbe:	rötlich, goldbraun
Haltbarkeit:	3–4 Jahre

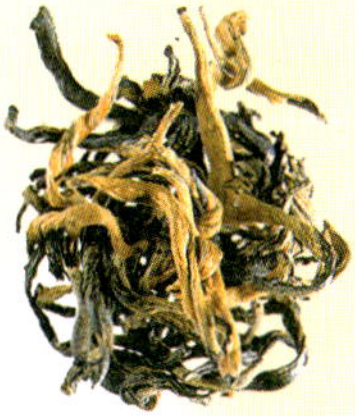

➤ *Die Tees aus Yunnan wachsen in Höhen bis 2000 m. Niedrig gewachsene werden häufig als der Assam Tee Chinas bezeichnet. Gute Qualitäten haben viele goldene »Tips«. Die Zubereitung eines Yunnan Tees gelingt selbst bei hartem Wasser. Im Gegensatz zu anderen chinesischen Tees kann er gern mit Milch oder Sahne serviert werden.*

Aromatisierter Grüntee

Herkunft:	China oder Japan
Herstellungs-/ Erntezeitpunkt:	Sommerernte
Blattbeurteilung:	grobes, langes, breites Blatt mit Stengeln, Blüten und gefriergetrockneten Früchten
Geschmacks-beurteilung:	je nach Zusatzstoffen
Qualitäts-beurteilung:	einfache Basisqualität, der Zusätze wie Blüten, Fruchtschalen, gefriergetrocknete Früchte sowie Aromastoffe hinzugegeben werden
Zubereitung:	1 gehäufter Teelöffel pro Tasse
Ziehzeit:	3–5 Minuten
Tassenfarbe:	gelblich-grün
Haltbarkeit:	6–9 Monate

Aromatisierter Grüntee in den verschiedensten Geschmacksvariationen erfreut sich steigender Beliebtheit. Häufig sind diese Tees unter Phantasiebezeichnungen im Handel. Man sollte auf natürliche Zusätze und Zutaten achten.

Earl Grey

Herkunft:	Teemischung (aromatisiert)
Herstellungs-/ Erntezeitpunkt:	unbestimmt
Blattbeurteilung:	schwarzes Blatt mit Bergamotteöl
Geschmacksbeurteilung:	zitrusartig, fruchtig, deftig
Qualitätsbeurteilung:	einfache bis medium Qualität
Zubereitung:	1 leicht gehäufter Teelöffel pro Tasse
Ziehzeit:	3–4 Minuten
Tassenfarbe:	möglichst rotbraun
Haltbarkeit:	6 Monate

Traditionell eine Mischung aus Darjeeling, Assam, Ceylon und Keemun Tee mit geringen Anteilen Rauchtee, Jasminetee und grünem Tee. Diese Mischung wurde umhüllt von Filterpapier, auf das Bergamotteöl gesprüht wurde. Heute wird das Öl vorwiegend industriell direkt auf den Tee gesprüht. Wichtig ist, daß die Blätter nicht zu klein sind und der Tee zitrusfrisch duftet.

Honigbusch Tee (Honeybush Tea)

Herkunft:	Südafrika
Herstellungs-/ Erntezeitpunkt:	Frühjahr
Blattbeurteilung:	schmal, nadelförmig, gelb, bestehend aus Blättern und Stielen des Honeybush-Strauches
Geschmacks-beurteilung:	frisch, fruchtig, mit Honig-aroma
Qualitäts-beurteilung:	koffeinfreie Droge mit beruhigender, teilweise sogar heilender Wirkung
Zubereitung:	2 gehäufte Eßlöffel auf 1 Liter kochendes Wasser, Milch und Zucker
Ziehzeit:	ca. 20 Minuten köcheln lassen
Tassenfarbe:	gelb-rot
Haltbarkeit:	2 Jahre

Honigbusch Tee ist milder als Rooibos Tee, ist koffeinfrei und wird gern bei Erkältungskrankheiten verabreicht. Kalt als Eistee getrunken, ist er eine köstliche Erfrischung.

Lapacho Tee

Herkunft:	Südamerika
Herstellungs-/ Erntezeitpunkt:	Frühjahr
Blattbeurteilung:	abgeschälte und geraspelte Teile der inneren Baumrinde des Lapachobaumes
Geschmacks-beurteilung:	herb
Qualitäts-beurteilung:	heilsames Allroundmittel
Zubereitung:	1–2 Teelöffel pro Tasse
Ziehzeit:	20 Minuten in Wasser kochen, danach ca. 15 Minuten zugedeckt ziehen lassen
Tassenfarbe:	bräunlich
Haltbarkeit:	mindestens 2 Jahre

Die Lapachorinde enthält Kalium, Eisen, Mangan und Jod. Daher gilt der Tee als medizinisches Allheilmittel: Er stärkt die Abwehrkräfte des Körpers und das Immunsystem, beugt bei leichten Infekten und Grippe vor und verschafft bei Allergien Erleichterung. Außerdem regt er die Darmtätigkeit an, entgiftet die Leber, entwässert und entsäuert – und hat außerdem noch eine entspannende Wirkung.

MATE

Herkunft:	Brasilien (Süden), Paraguay
Herstellungs-/ Erntezeitpunkt:	Frühjahr
Blattbeurteilung:	eiförmig, grün, bis zu 20 cm lang und 8 cm breit
Geschmacks-beurteilung:	herb, würzig
Qualitäts-beurteilung:	wohltuende »Droge«, schwach koffeinhaltig, relativ hoher Vitamin C-Gehalt
Zubereitung:	ca. 3 g pro Glas, heißes, aber kein kochendes Wasser
Ziehzeit:	10–15 Minuten
Tassenfarbe:	grün-bräunlich
Haltbarkeit:	ca. 3 Jahre

Mate ist ein in Südamerika sehr bekanntes und beliebtes Getränk, welches in Deutschland allerdings nur wenig verbreitet ist. Mate ist harntreibend sowie bedingt hungerstillend, weshalb er gut geeignet ist, eine Diät zu unterstützen. Diesen Tee gibt es auch geröstet und aromatisiert.

OOLONG

Herkunft:	Formosa (Taiwan)
Herstellungs-/ Erntezeitpunkt:	Mai–Ende Juli
Blattbeurteilung:	grobes, ungleichmäßiges, hell- bis dunkelbraunes Blatt, bei feineren Sorten mit silbrigen »Tips«
Geschmacks-beurteilung:	brotig, blumig, mild
Qualitäts-beurteilung:	einfach bis hervorragend, je nach Erntezeit und Herstellung, Selfdrinker
Zubereitung:	1 gehäufter Teelöffel pro Tasse
Ziehzeit:	mindestens 3 Minuten, gute Sorten können im Wasser bleiben und werden nicht bitter
Tassenfarbe:	goldbraun bis dunkelbraun
Haltbarkeit:	unbegrenzt

Oolong Tees sind halbfermentierte Tees, also weder grüne noch schwarze Tees. Ein guter Oolong Tee (mindestens DM 15,- pro 100 g) wird nicht bitter und kann zu jeder Tages- und Nachtzeit getrunken werden, da er wenig Koffein enthält. Der Tee gelingt in jedem Wasser und kann daher mit Recht als Selfdrinker bezeichnet werden.

Orangentee (Sweet Orange)

Herkunft:	Teemischung (aromatisiert)
Herstellungs-/ Erntezeitpunkt:	unbestimmt
Blattbeurteilung:	schwarzes Blatt mit Orangenöl und getrockneten Orangenstücken
Geschmacks-beurteilung:	fruchtig, angenehm nach Orangen
Qualitäts-beurteilung:	einfach bis medium
Zubereitung:	1 gehäufter Teelöffel pro Tasse
Ziehzeit:	3–4 Minuten
Tassenfarbe:	möglichst goldbraun
Haltbarkeit:	3–4 Monate

➤ *Orangenöl verfliegt recht schnell. Daher sollte der Tee möglichst rasch verbraucht werden.*

Rooibos Tee (auch: Rooibush)

Herkunft:	Südafrika
Herstellungs-/ Erntezeitpunkt:	Februar–April
Blattbeurteilung:	kleine rote Blatt- und Stengelteile des Rooibos-Strauches, mit braunen Blatt-Teilen gemischt
Geschmacksbeurteilung:	zitrusartig, fruchtig, herb
Qualitätsbeurteilung:	angenehm durstlöschendes Getränk, koffeinfrei
Zubereitung:	1 gehäufter Teelöffel pro Tasse
Ziehzeit:	3–4 Minuten, auch etwas länger möglich
Tassenfarbe:	weinrot
Haltbarkeit:	4 Jahre

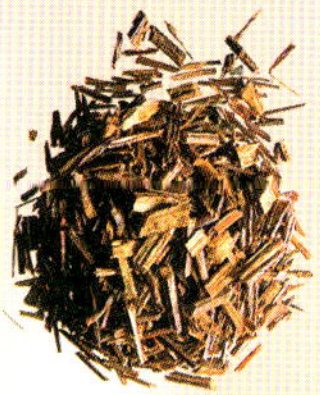

Der Rooibos-Strauch, aus dem dieser Tee gewonnen wird, ist nicht verwandt mit den beiden Teepflanzen Thea sinensis und Thea assamica. Geerntet werden Blätter, Stengel und kleine Zweige, die nach umfangreichem Trocknungsprozeß in zwei bis drei Blattgrößen geschnitten werden. Enthält viel Vitamin C, Mineralsalze und Proteine. Rooibos wird häufig als aromatisierter Tee angeboten.

Schwarze Johannisbeeren Tee

Herkunft:	Teemischung (aromatisiert)
Herstellungs-/ Erntezeitpunkt:	unbestimmt
Blattbeurteilung:	schwarzes Blatt mit dem Aroma der schwarzen Johannisbeere, oft auch mit grünen, getrockneten Waldbeeren-/Erdbeerblättern
Geschmacksbeurteilung:	intensiv nach schwarzen Johannisbeeren
Qualitätsbeurteilung:	einfach bis medium
Zubereitung:	1 leicht gehäufter Teelöffel pro Tasse
Ziehzeit:	3–4 Minuten
Tassenfarbe:	möglichst goldbraun
Haltbarkeit:	ca. 6 Monate

Zusammen mit dem Öl der schwarzen Johannisbeeren werden gern leuchtend grüne Blätter mit in die Teemischung gegeben.

Vanilletee

Herkunft:	Teemischung (aromatisiert)
Herstellungs-/ Erntezeitpunkt:	unbestimmt
Blattbeurteilung:	schwarzes Blatt mit Vanille-stücken und -aroma
Geschmacks-beurteilung:	mild, Vanillegeschmack
Qualitäts-beurteilung:	einfach bis medium
Zubereitung:	1 gehäufter Teelöffel pro Tasse
Ziehzeit:	3–4 Minuten
Tassenfarbe:	möglichst goldbraun
Haltbarkeit:	6–8 Monate

Die Teemischung sollte möglichst auch Vanillestücke enthalten. Vielleicht ist diese Teesorte dadurch entstanden, daß Tee-Importeure früher gern in ihre leeren Stockdosen eine Vanille-stange legten, um ein Aroma in der Dose zu erhalten, bis neue Tees eingekauft wurden. Wohl-dosierte Vanille und schwarzer Tee passen recht gut geschmack-lich zusammen.

Wintertee/Weihnachtstee

Herkunft:	Teemischung (aromatisiert)
Herstellungs-/ Erntezeitpunkt:	unbestimmt
Blattbeurteilung:	schwarzes Blatt mit Aromastoffen oder naturell mit Zimt, Vanille, Nelken, Anis, Hagebuttenschalen, Lebkuchengewürz
Geschmacks-beurteilung:	weihnachtlich nach Lebkuchen, Zimt und Nelken
Qualitäts-beurteilung:	einfache Basis
Zubereitung:	1 leicht gehäufter Teelöffel pro Tasse
Ziehzeit:	3–4 Minuten
Tassenfarbe:	dunkelbraun
Haltbarkeit:	6 Monate

Auf die Zusammenstellung der Mischung kommt es an. Der Tee sollte reich an Zutaten sein, auf die man besonders achten sollte. Ein zusätzliches Aroma kann, muß aber nicht dabei sein. Ein alkoholfreier Punsch!

ZITRONENTEE (LEMONTEA)

Herkunft:	Teemischung (aromatisiert)
Herstellungs-/ Erntezeitpunkt:	unbestimmt
Blattbeurteilung:	schwarzes Blatt mit Zitronenöl und getrockneten Zitronen-schalen
Geschmacks-beurteilung:	zitrusfrisch
Qualitäts-beurteilung:	erfrischender Tee speziell für den Sommer
Zubereitung:	1 gehäufter Teelöffel pro Tasse
Ziehzeit:	3–4 Minuten
Tassenfarbe:	möglichst goldbraun
Haltbarkeit:	4–6 Monate

➤ *Zitronenschalen dienen bei dieser Teemischung mehr der Optik als dem Geschmack.*

Auswahl guter Teehändler

DEUTSCHLAND:

Daniel's Tee-House
Crellestr. 22
10827 Berlin
Dachauer Teeladen
Münchener Str. 39
85221 Dachau
Gewürz & Teehaus Schnoor
Neue Kräme 28
60311 Frankfurt
Tee Peter
Kaiser-Joseph-Straße
79012 Freiburg
Waschbär
DER UMWELTVERSAND
79093 Freiburg
Bestellannahme: 0180/53956
Kundenservice: 0791/1306-140
Bestellen per Fax:
0761/1306-150
Internet: www.waschbär.de
Karl Schmidt
Barfüßerstr. 6
37073 Göttingen
Hanseatic Tea
(Versand)
Bei den Mühren 70
20457 Hamburg
Tel. 040/378428, Fax 040-378420
Wilkendorfs Tee-Import Haus
Waldstr. 22
76133 Karlsruhe
Sylter Teekontor
Siddik 15
25980 Keitum
Paul Heyck (Radbruch Nachfolger)
Faulstr. 2 a
24103 Kiel
Cölner Teehaus
Benesisstr. 53
50672 Köln
Benny's Teeladen
Hochhaus am Markt
79539 Lörrach
Teapot
Fleischhauerstr. 76
23552 Lübeck
Der Teeladen
Heidestr. 26
53340 Meckenheim
Tee-Lädle
Stegstr. 8
72116 Mössingen
Tee Dankesreiter
Bahnhofsplatz
80335 München
Dresdner Teekontor Frank Dietze
Eduard-Bilz-Str. 20
01445 Radebeul
Johann Bachfischer
Kapellengasse 6
93047 Regensburg
Stefan Kolodziej & Kai Lieder
Postfach 2116
29511 Uelzen
Tel. 0581/16684

ÖSTERREICH:

Heißenberger Tee & Kaffee
Hauptplatz 6
8020 Graz
Jäger & Companie
Operngasse 6
1010 Wien

SCHWEIZ:

Läng-Gass Tee
Länggass-Str. 47
3012 Bern
Reichmuth von Reding
(nur Versand)
Gut Waldegg/Postfach 460
6430 Schwyz Tel. 0041/811/7878

Sachregister

IMPRESSUM

Vielen Dank!

→ Ein ganz herzliches Dankeschön sprechen wir der Firma Brita Wasserfilter Systeme GmbH, Heinrich-Herz-Straße 4, 65232 Taunusstein, aus, die uns einen Wasserfilter zur Verfügung gestellt hat. Sie finden den Wasserfilter in diesem Buch auf Seite 19.

→ Weiterhin gilt unser besonderer Dank der Firma mono tischkultur, Industriestraße 5, 40822 Mettmann, für die freundliche Überlassung der Teekanne und -gläser, des Stövchens sowie der Zuckerdose und des Milchkännchens, die Sie auf Seite 17 abgebildet sehen.

→ Außerdem danken wir der Firma Deutsches Teebüro, Hamburg, die uns Fotos zum Abdruck zur Verfügung stellte.

Redaktion: Nicola Härms, Barbara Fleig
Lektorat: Adelheid Schmidt-Thomé
Gestaltung: Independent Medien-Design
Produktion: Helmut Giersberg
Titelfoto: Martina Görlach
Fotos: Lutz Hiller, Hamburg, Teefotos A-Z und S. 12, 14, 15, 17, 19; Martina Görlach, München, S. 2, 3, 23; Deutsches Teebüro, Hamburg, S. 4,5,7,10, 11, 16, 20.
Tony Stone Bilderwelten, S. 8, 24/25.
Satz und Layoutrealisierung: Buch & Grafik Design, Günther Herdin GmbH
Druck und Bindung: Ludwig Auer GmbH
ISBN 3-7742-1699-1

Auflage	5.	4.	3.	2.	1.
Jahr	2004	03	02	01	00